Wunibald Müller
Erfahrungen des Ewigen

Wunibald Müller

Erfahrungen des Ewigen

Was meinem Leben Tiefe gibt

Kösel

Copyright © 2006 Kösel-Verlag, München,
in der Verlagsgruppe Random House GmbH
Umschlag: Elisabeth Petersen, München
Umschlagmotiv: Jonathan Nourok/gettyimages
Druck und Bindung: Pustet, Regensburg
Printed in Germany
ISBN 10: 3-466-36713-1
ISBN 13: 978-3-466-36713-9

Gedruckt auf umweltfreundlich hergestelltem Werkdruckpapier
(säurefrei und chlorfrei gebleicht)

www.koesel.de

Inhalt

Ein Jetzt der Ewigkeit ist in Dir.

Karl Rahner

Wenn man versteht und fühlt, dass man schon in diesem Leben an das Grenzenlose angeschlossen ist, ändern sich Wünsche und Einstellung. Letzten Endes lebt man wegen des Wesentlichen, und wenn man das nicht hat, ist das Leben vertan.

C. G. Jung

Denn das Ewige, das Wesen
weiß ich in mir selber wohnen.

Hermann Hesse

Nehme ich aber das Nun, so begreift das alle Zeit in sich. Das Nun, in dem Gott die Welt erschuf, das ist in dieser Zeit so nahe wie das Nun, in dem ich jetzt spreche, und der jüngste Tag ist diesem Nun so nahe wie der Tag, der gestern war.

Meister Eckhart

Das wahre Ewige schließt nicht die Zeit von sich aus, liegt nicht neben ihr – es umfängt auf zeitlose Weise der Zeiten Inhalt und Fülle und durchdringt sie in jedem ihrer Augenblicke.

Max Scheler

Ein endloser Augenblick. Das ist die Beschreibung meines Lebens.

Friederike Mayröcker

Einleitung

Wenn man versteht und fühlt, dass man schon in diesem Leben an das Grenzenlose angeschlossen ist, ändern sich Wünsche und Einstellung. Letzten Endes lebt man wegen des Wesentlichen, und wenn man das nicht hat, ist das Leben vertan.

C.G. Jung

Ich hatte vor vielen Jahren einen Klienten, der geradezu davon besessen schien, immer wieder ganz außergewöhnliche Erfahrungen zu machen. Ich höre ihn jetzt noch von »außergewöhnlichem Bewusstseinszustand« sprechen und sehe ihn vor mir, mit welcher Begeisterung er darüber sprach. Ich führte das Gespräch auf Englisch und war deshalb nicht in der Lage, alle Feinheiten seiner inneren Erfahrung genau mitzubekommen. Doch auch unabhängig von der Sprachbarriere fand ich es nicht einfach, ihn ganz zu verstehen – so sehr ich mich auch darum bemühte. Mein junger Klient kam später bei einem Verkehrsunfall ums Leben, was mich zutiefst berührte und betroffen machte.

Ich kenne auch das Verlangen nach Gipfelerfahrungen, nach Erfahrungen, die sich vom Alltäglichen unterscheiden. Zugleich registriere ich bei mir aber auch Vorbehalte gegenüber ganz außergewöhnlichen Erfahrungen, die in die Nähe des Erlebens von Menschen gehen, die unter Einfluss von Drogen stehen. Ich kann für mich damit wenig anfangen, vielleicht auch, weil ich solches selbst noch nicht erlebt habe. Ein anderer Grund mag aber auch sein, dass ich meine, solche Erfahrungen führen in der Regel von der Wirklichkeit weg und sind nicht in der Lage, mich wirklich zu nähren, mir wirklich anhaltend etwas zu geben.

Im Unterschied dazu kenne und schätze ich Erfahrungen, die in einer gewissen Weise auch außergewöhnlicher Art sind. Zugleich sind sie aber auch wieder ganz normal. So erfahre ich bei mir, dass es mir zunehmend gelingt, inmitten der Wirklichkeit meines Alltags gleichsam eine eigene Welt zu schaffen, die nicht abhängig ist von den Tätigkeiten, Spielregeln, der Denk- und Beurteilungsweise des täglichen Lebens. Ob ich erfolgreich bin, ob ich ein geschätzter Schriftsteller bin, ob ich reich bin, ob ich über ein mich erfüllendes Netz von Beziehungen verfüge, ob ich genug Ablenkung und Entspannung habe – das alles zählt in dieser Welt nicht. Damit will ich nicht sagen, dass es für mich keine Bedeutung hat. Es ist bedeutsam. Es ist aber nicht letztlich entscheidend für mein Wohlbefinden, für mein Glück. Im Gegenteil. Solange es zu viel Bedeutung und Gewicht in meinem Leben einnimmt, fühle ich mich nicht wohl, erlebe ich mich nicht als glücklich, erfahre ich mich als getrieben und gehetzt.

Die Welt, die mich davor bewahrt, im Alltäglichen aufzugehen, ist eine innere Welt, in die die Ewigkeit hineinreicht. Ich erfahre diese Welt als Teil von mir, die, auch wenn ich sie nicht anfassen kann, für mich wirklich ist. Ich erlebe mich als Teil einer Welt, die sich nicht erschöpft in dem, was ich sehe, was ich anfassen kann, was ich spüre. Die Erfahrung der Verbundenheit mit dieser Welt der Ewigkeit erhebt mich nicht über den Alltag, dem ich mich jeden Tag neu stellen muss. Sie macht mich auch nicht unempfindlich gegenüber den Freuden und Vergnügungen, die uns das Leben in so vielen Variationen schenken kann. Von dieser Erfahrung der Verbundenheit mit der Ewigkeit geht aber eine große Unabhängigkeit, eine Freiheit und Erfahrung von Geborgenheit und Zugehörigkeit aus, die ich als unendlich kostbar erlebe. Es handelt sich dabei nicht um eine außergewöhnliche Erfahrung, die mich wegbringen würde von der Wirklichkeit des Alltags. Vielmehr ist es eine Erfahrung, die mir hilft, in einer wesentlicheren Weise in der Welt zu stehen und zu sein. Ich verstehe und vor allem erfahre seitdem, was der Tiefenpsychologe C.G. Jung (1993, S. 7) meint, wenn er schreibt: »Wenn man versteht und fühlt, dass man schon in diesem Leben an das Grenzenlose angeschlossen ist, ändern sich Wünsche und Einstellung. Letzten Endes lebt man wegen des Wesentlichen, und wenn man das nicht hat, ist das Leben vertan.«

Mit meinen Ausführungen möchte ich dazu einladen, schon in diesem Leben sich an das Grenzenlose, die Welt der Ewigkeit anzuschließen, im Jetzt Erfahrungen des Ewigen zu machen. Ich will versuchen, verständlich zu machen, was das heißt. Vor allem aber will ich dazu ermutigen, sich auf diese Erfahrung einzulassen. Denn entscheidend ist, zu fühlen »schon in diesem Leben an das Grenzenlose angeschlossen« zu sein.

Winfried Nonhoff vom Kösel-Verlag danke ich für seine große Unterstützung und seine Begeisterung für mein Bemühen, die Erfahrung des Ewigen in das Jetzt zurückzuholen.

Wunibald Müller

Prolog

Ein Blick auf die Ewigkeit

»In einer 1/100 Sekunde sind wir alle gleich, gleich im Wesen unserer condition humaine.« So kommentiert der Philosoph Sartre die Bilder des Fotografen Cartier-Bresson (2002, S. 16). Er habe für die Ewigkeit fotografiert. Wenn ich den Bruchteil einer Sekunde im Bild festhalte, genauer, wenn ich das Geschehen des Bruchteils einer Sekunde im Bild festhalte, halte ich einen Blick auf die Ewigkeit fest. Ich halte gleichsam den ewigen Fluss von Sein und Leben fest, wie ich ihn sonst nicht festhalten kann. Jetzt und Ewigkeit sind gleich. Die Ewigkeit strahlt auf im Jetzt, wird gleichsam ins Jetzt gebannt.

Im Fluss der Ewigkeit, im ewigen Fluss des Seins ist unser bewusstes Leben wie der Schnappschuss eines Fotoapparates. Und was geschieht nicht alles in der winzigen Zeitspanne dieses Schnappschusses? Wie ewig lange erscheint uns oft diese Zeit. Und dabei zerrinnt sie uns unter der Hand, füllt sie sich mit jeder Sekunde, die vorübergegangen ist, wie der untere Teil der Sanduhr.

»Die Fotografie ist ein zeitloses Zeugnis der Zeit, kompensiert für die Ewigkeit«, heißt es in der Süddeutschen Zeitung vom 1./2. Juni 2002 zu einem Bild von André Kertész, auf dem die Bänke, die Stühle und die Bäume in den Tuilerien zu sehen sind, die heute noch genauso aussehen wie im Jahre 1928.»Und die Figuren, durch die schattengleiche Darstellung ihrer Identität beraubt, könnten zu jedem anderen Zeitpunkt dort gesessen haben als gerade zu jenem Augenblick im Jahre 1928, als André Kertész auf den Auslöser seiner Kamera drückte.« Momente für die Ewigkeit. Momente der Ewigkeit. Das Jetzt in der Ewigkeit, die Ewigkeit im Jetzt.

»Die Ewigkeit ist ein unteilbares stehendes Jetzt«, sagt Meister Eckhart (in: Wolf-Gottwald 1995, S. 48). Doch auch, wenn die Ewigkeit als »stehendes Jetzt« bezeichnet wird, ist sie doch, so Eckard Wolf-Gottwald (S. 49), jenseits aller Zeit.»Die Ewigkeit ist jenseits jedes zeitlichen Nacheinanders, wo normale menschliche Erkenntnis stattfindet.« (S. 49) Das »stehende« Jetzt ist zeitlos, zugleich steht die Ewigkeit aber nicht im Gegensatz zur Zeit, sondern schließt sie ein.

Erster
Teil

Das Ewige ist irrational und kaum oder
gar nicht mit dem Verstand zu ergründen,
sondern ganz vorrangig oder ausschließ-
lich mit dem Herzen unmittelbar-intuitiv
zu schauen und steht dem Rational-Ver-
nünftigen offen und streng entgegen.

Bernhard Pauleikhoff

Die Welt der Ewigkeit

Da ereignet sich Ewigkeit

In seinem Buch *Lebenslust* schreibt der Theologe und Arzt Manfred Lütz (2002, S. 90f.): »Die Zeit und das Leben ganz intensiv zu der Einzigartigkeit jedes Moments spüren. Das ist Lebenslust in ihrer höchsten Form. Wer das unternimmt, der begibt sich auf ein Abenteuer, das sogar noch weiter reicht. Im Bewusstsein der Unwiederholbarkeit jedes Augenblicks kann ihm in einer eindringlichen Zeit zweckfreier Muse plötzlich Ewigkeit zustoßen.« Um zu verdeutlichen, was er damit meint, führt er folgende Begebenheit an:

»Vor Jahren gab es eine Fernsehdiskussion der beiden großen Philosophen Ernst Bloch und Gabriel Marcel. Beide alten Männer, wohl über 80 Jahre alt, waren in geradezu allem unterschiedlicher Auffassung. Und das war auch zu erwarten. Ernst Bloch als marxistischer Philosoph kam immer wieder auf die Bedeutung der Gesellschaft zu sprechen. Gabriel Marcel, katholischer Existenzphilosoph, beschwor die Tiefe der individuellen Existenz. Der Streit wurde so heftig, dass Gabriel Marcel heftig und unwillig mit dem mitgeführten Gehstock auf den Boden stieß und sich an einem gewissen Punkte so aufregte, dass er ins Französische wechselte, was den Moderator in arge Bedrängnis brachte. Doch nun geschah das Unerwartete. Der Moderator stellte die Frage, was denn eigentlich das Wesentliche im Leben sei. Da wurden die beiden alten Männer nachdenklich. Ernst Bloch stopfte sich stirnrunzelnd seine Pfeife und sagte nichts. Gabriel Marcel stützte sich im Sitzen auf seinen Stock, sah angestrengt in die Ferne und sagte auch nichts. Und in die Stille hinein fragte der Moderator, ob es denn so etwas wie das Transzendente gäbe, das Jenseitige, und ob man das in diesem Leben schon erleben könne. Da richtete sich der alte Ernst Bloch auf, nahm seine Pfeife zur Seite und sagte mit klarem Blick, ja, das Transzendente gebe es und man könne es auch erleben, nämlich in der Neunten Symphonie von Beethoven. Und Gabriel Marcel, der seinen greisen Altersgenossen bei dieser Antwort genau angeschaut hatte, nickte mit einer Lebendigkeit, die ihn geradezu jung erscheinen ließ. Ja, sagte er, die späten Symphonien von Beethoven, da ereignet sich Ewigkeit. Die beiden alten Männer lächelten sich an. Ganz unerwartet hatten sie doch noch etwas gefunden, auf das sie sich einigen konnten. Man hatte in diesem Augenblick das Gefühl, dass die beiden Alten, die bald darauf starben, wussten, dass das, worauf sie sich geeinigt hatten, nichts Nebensächliches, sondern das Wesentliche war, das ihnen bis zu ihrer letzten Stunde Lust am Leben bereitete.«

Ewigkeit erhält durch eine solche Sichtweise eine ganz neue Bedeutung. Sie ist nicht länger etwas, das erst nach dem Leben eine Rolle spielt. Sie wirkt mitten in unser augenblickliches Leben hinein. Ewigkeit wird nicht einseitig mit dem Tod oder dem Leben nach dem Tod in Verbindung gebracht. Manfred Lütz:

»Die Zeit ist vielmehr gesprengt und wir rühren für Momente bereits in diesem Leben an etwas, das über dieses Leben hinausgeht. Die im Bewusstsein ihrer Unwiederholbarkeit erlebte Enge der Zeit führt auf solche Weise nicht zu bloßer Angst – das Wort Angst kommt etymologisch von Enge –, sondern durch die Angst hindurch in die Weite der Ewigkeit. Damit wird klar, warum Ewigkeit etwas ganz anderes ist als die Idee von einem tödlich langweiligen unendlichen Leben in lustloser Gleichgültigkeit. Das Missliche ist nur, dass man der Ewigkeit nicht mit den Instrumenten beikommen kann, die wir gewöhnlich anwenden, um Kostbares zu erwerben. Ewigkeit hat keinen Preis, Ewigkeit ist nicht herstellbar, Ewigkeit ist nicht konkret fassbar und begreifbar. Ewigkeit ereignet sich, und was uns dabei *er*greift, das *be*greifen wir nicht auf übliche Weise.«

Das Ewige bringt das Jetzt zum Fließen

Ewigkeit steht hier für die Erfahrung einer Dimension, die den Augenblick, das Jetzt erweitert, vertieft und überhöht. Das Zulassen der Dimension der Ewigkeit führt uns hinaus ins Weite. Wir fixieren uns nicht länger auf das Jetzt, das aufgebrochen wird. Es geschieht eine Weitung, bei der die Enge unseres Denkens und Fühlens gesprengt wird. Wir werden in eine Erfahrung geführt, die uns eine Ahnung davon vermittelt, was es heißt, Teil eines Größeren zu sein. Wir überlassen uns einer Welt, die wir nicht machen oder einfach herstellen können, die wir nicht sehen und nicht anfassen können.

Diese Welt der Ewigkeit ist vorzeitlich. Sie ist ohne Farben. Sie sieht aus wie ein gesunkenes Schiff, das über Jahrzehnte und Jahrhunderte auf dem Meeresgrund liegt. Sie ist eine tote Welt. In dieser Welt erlischt das Licht und Leben des Jetzt, das Lichtermeer, das Farbenspiel. Die tausend Bemühungen, unser Leben und unsere Lebendigkeit zu gestalten und zum Ausdruck zu bringen, kennt die Ewigkeit nicht. Architektur, Kunst, Musik, Lust, Tanz, Wissenschaft – was auch immer – vor der Ewigkeit haben sie keinen Bestand. Die Ewigkeit ist Ruhe. Sie ist Unendlichkeit. Sie ist wie ein Urgestein. Wie eine Mond- oder Marslandschaft. Sie ist bar jeder Zivilisation und Kultur. Sie ist ohne Vegetation. Sie ist die Kehrseite des Lebens. Sie ist nicht wie das Negativ eines Bildes, das, entwickelt man es, farbig wird. Sie ist nicht entwickelbar. Eigentlich ist sie unwirtlich und unattraktiv. Nein, sie wirkt zunächst nicht einladend. Doch darum geht es nicht. Sie ist, wie sie ist.

Auch wenn wir diese Welt der Ewigkeit nicht sehen und nicht anfassen können, gibt es sie, können wir sie erahnen und erfahren. Wir können in einer gewissen Weise in sie »eintreten«, wenn wir für sie offen sind.

Du kommst in Berührung mit dieser Welt der Ewigkeit, wenn du den beleuchteten Mond betrachtest oder mit dem Sternenhimmel über dir Kontakt aufnimmst. Eine bestimmte Art von Musik oder Kunstwerke, die dich zu absorbieren vermögen, können den Kontakt zur Er-

20

fahrung des Ewigen herstellen. In den Glücksmomenten sexueller Erfüllung und Ekstase, in der Erfahrung mystischer Vereinigung mit dem Einen leuchtet dir das Ewige im Jetzt auf, wird das Jetzt zur Ewigkeit. Zeit und Ewigkeit fließen »als Einheit zusammen und verschmelzen gemeinsam zu einer einzigartigen Wirklichkeit.« (Pauleikhoff 1996, S. 85)

Ich bin im Dom zu Würzburg. Domchor und Domorchester führen unter der Leitung von Siegfried Koesler Joseph Haydns *Die Schöpfung* auf. Im dritten Teil singt der Chor: »Heil dir, o Gott, o Schöpfer, Heil. Aus deinem Wort entstand die Welt; dich beten Erd und Himmel an. Wir preisen dich in Ewigkeit.« In diesem Augenblick spüre ich die Ewigkeit. Mein Herz ist ergriffen. Die Musik, der Dom, ich sind wie eins, aufgehoben im Meer der Ewigkeit, umhüllt von Heiligkeit.

Das Ewige nimmt dich einfach mit, durchmengt das Jetzt. Es bringt das Jetzt zum Fließen. Dein Leben differenziert sich nicht länger durch dieses und jenes Ereignis, das deinen Alltag charakterisiert. Jedenfalls erlebst du das Jetzt nicht länger als aufgeteilt in »da findet das, dort findet jenes statt«. Du erlebst deinen Alltag und dein Leben mehr als eine Einheit. Du erlebst dich selbst mehr als eine Einheit, bist nicht länger aufgeteilt in Kopf und Herz, Analytiker und Betrachter. Dein Grund ist wie der Acker deiner Seele, der aufgepflügt worden ist, sodass du »sehen« und zulassen kannst, was du bisher nicht »gesehen«, nicht zugelassen hast: das Tiefere in dir, was dich umgibt und trägt, was dich mit den anderen Menschen verbindet, was dich selbst als Teil eines Größeren erfahren lässt. Die Intuition eröffnet dir den Zugang zur Erfahrung des Ewigen. Jetzt ist die Verbindung zwischen dem Jetzt und der Ewigkeit hergestellt. Jetzt bist du dem Sog des Jetzt und dem Sog der Ewigkeit ausgesetzt.

Innehalten

Stelle dir vor, dass es mitten in der Welt, in der du lebst, eine andere Welt gibt, in die du eintreten kannst, wenn du willst. Du erfährst diese Welt, wenn du dich ihr überlässt, in sie eintauchst. Es ist die Welt der Ewigkeit, die du nicht greifen und beweisen, aber erahnen und spüren kannst. Verweilst du in dieser Welt, bist du in einem Raum, der dich schützt vor dem, was außerhalb dieses Raumes auf dich einstürzt. Schließe für einen Moment deine Augen und trete ein in diesen Raum der Ewigkeit. Überlasse dich dem großen inneren Frieden, dem Gefühl von leisem Glück und leiser Freude, die sich dabei einstellen mögen. Du musst dafür nicht die reale Welt verlassen, ja mit einem Bein musst du in dieser Welt bleiben. Ansonsten aber kannst du dich einfach fallen lassen, dich der Welt der Ewigkeit in dir überlassen.

Die Welt des Ewigen
entschwindet uns
immer mehr

Eine Quelle, aus der wir leben

Die Erfahrung der Verbundenheit mit dem Ewigen fehlt
uns vielfach. Dadurch fehlt uns eine Schicht, die zu
»besitzen« meiner Überzeugung nach ganz entscheidend zu einem zufriedenen, sinnvollen Leben beiträgt.
Diese schützende, sinnstiftende Schicht in uns selbst
scheint sich immer stärker auf dem Rückzug zu befinden.
Mir fällt der Vergleich mit der Ozonschicht ein, die ständig dünner und weniger wird. Sie ist aber lebensnotwen-
dig für uns, schützt sie doch uns und das ganze Leben
auf der Erde vor einer zu intensiven und gefährlichen
Einwirkung der Sonnenstrahlen. Zerstören wir diese
Ozonschicht, was wir augenblicklich tun, zerstören wir
zugleich auch mit der Zeit uns und das ganze Leben auf
der Erde.

Ebenso verhält es sich mit der Schicht in uns, die für
die Ewigkeit steht, jene Welt, die das zeitlose, unendliche
Reservoir unseres Seins als Menschen ausmacht. Diese
Welt scheint uns immer mehr zu entschwinden. Sie ist
nicht mehr die Schicht, bietet nicht mehr den Schutz, Halt

und Sinn, die sie einst bieten und vermitteln konnte, obwohl sie das grundsätzlich weiterhin tun könnte. Sie scheint augenblicklich lebensgefährlich bedroht zu sein. Diese Bedrohung ist für uns Menschen aber nicht weniger katastrophal als die Bedrohung, die vom Schwinden der Ozonschicht ausgeht.

Denn eine Quelle, aus der wir leben, wirklich leben, versiegt damit zunehmend. Es ist die Quelle, die dem unermesslichen Meer des Unbewussten entspringt, das in jedem von uns lebt. Wenn die Quelle, die sich aus dem Unbewussten speist, nicht mehr sprudelt, verlieren wir den Kontakt zu einem Bereich unseres Daseins, der grundsätzlich zu uns gehört. Es ist der Bereich, der uns nicht weniger ausmacht als der des Bewussten, des Offensichtlichen, des alltäglich Vollzogenen.

Ich gehe zur Arbeit, koche, baue ein Haus, kaufe Kleider, stehe am Morgen auf, höre Radio oder schaue mir einen Bericht im Fernsehen an. Ich erziehe meine Kinder, feiere die Familienfeste, gehe in die Sauna und zum Schwimmen, kümmere mich um kranke Menschen. Ich sitze vor dem Computer, stehe am Fließband, surfe im Internet ... Es ließen sich ganze Bücher füllen mit Tätigkeiten, die wir Tag für Tag, Jahr für Jahr ausüben. Tätigkeiten, die uns bewusst sind, die wir überprüfen, die wir sehen und nachweisen können. Doch das ist nicht alles. Es ist nicht die ganze Wirklichkeit. Es gibt noch eine Wirklichkeit, die nicht weniger real zu unserem Leben gehört und die sich nicht weniger auf unser Leben auswirkt als das, was offensichtlich unser alltägliches Leben bestimmt.

Die Götter und Engel wirken auch in unserer Zeit

Ich bin in Hildesheim im Kreuzgang der St. Mauritius-kirche. Seit fast 1000 Jahren steht an dieser Stelle eine Kirche, zunächst in romanischem, dann gotischem, schließlich barockem Stil erbaut. Diese Kirche mit ihrer tausendjährigen Geschichte ist wie ein Rest der bedrohten Schicht, die für die Welt der Ewigkeit steht. Sie ist davon übrig geblieben und erinnert, auch wenn sie auf einsamem Posten steht und links und rechts von ihr die »Schicht des Ewigen« abbröckelt, an die Welt der Ewigkeit, das ganz Andere, das Geheimnisvolle, das Numinose, das Unsagbare, das Heilige. Bei ihrem Anblick wird die Schicht in mir, die für das Ewige empfänglich ist, angesprochen. Es meldet sich in mir das Verlangen, das Sehnen, dem Ewigen und seinem Einfluss in meinem Leben wieder mehr Bedeutung einzuräumen.

Die Kirche St. Mauritius in Hildesheim erinnert an die unsichtbare Welt des Ewigen. Wenn in dieser Kirche die alten Texte vergangener Zeiten vorgetragen werden, wenn in ihrem Raum in der liturgischen Feier das große Geheimnis wie ein Mysterienspiel immer und immer wieder aufgeführt wird, lebt in dieser Kirche die Welt des Ewigen auf. Es ist die Welt, von der unsere Mythen berichten und in die uns unsere Träume Einblick gewähren, die aus der Tiefe unseres Unbewussten aufsteigen. Verglichen damit ist die »Vernunft mit ihren abstrakten Konzepten und logischen Konstruktionen wie die Spitze eines Eisberges, unter der tiefe Schichten von Bewusstsein liegen, die unsere menschliche Natur mit dem uns umgebenden Universum und Kräften verbinden, die in der antiken Welt als Götter und Engel bekannt waren.« (Griffiths 1983, S. 49)

Diesen Göttern und Engeln begegnen wir auch heute in unseren Mythen und Träumen als wirkungsvollen Kräften, wenn wir sie unter uns leben lassen. Wir können uns auf sie verlassen und es als hilfreich erfahren, wenn wir die Welt, für die sie stehen, ernst nehmen und daran interessiert sind, sie für unser persönliches Leben fruchtbar zu machen. Sie konfrontieren und beschenken uns mit einer Wirklichkeit, die, wenn wir diese Wirklichkeit zulassen, das Alltägliche, Banale, Oberflächliche hinterfragt und vertieft, indem sie es mit dem Ewigen vermengt. Die Welt der Ewigkeit scheint dann durch das Oberflächliche hindurch, unterstellt das Jetzt seinem Einfluss. Das Jetzt muss vor der Tiefe, der Welt der Ewigkeit bestehen können.

Das Jetzt, aufgehoben
in der Ewigkeit

Einen Hauch von Ewigkeit spüren

Das Ewige kann auch in außergewöhnlichen Erfahrungen im Jetzt erlebt werden. Es gibt dann nur noch das ewige Jetzt (vgl. Bragdon 1990, S. 7), das Jetzt, das ewig anzudauern scheint. Das Jetzt, das aufgehoben ist in der Ewigkeit. Als würden wir in diesem Moment die Ewigkeit schauen. Alles Zeitbedingte um uns herum verschwindet, die Zeit selbst scheint stillzustehen. »Der ganze Weltprozess steht auf, Moment für Moment, als das eigene Sein, außerhalb dessen und vor dem nichts existiert.« (Ken Wilber, in: Bragdon 1990, S. 7)

Diese außergewöhnlichen Erfahrungen haben in der Regel spirituellen Charakter. Sie machen uns deutlich, dass wir über Erfahrungsmöglichkeiten verfügen, die das übliche Alltagserleben übersteigen. Sie lassen uns eine Dimension erspüren, die unsere gängige Erfahrungsweise sprengt. Dabei ist das Erleben von Zeitlosigkeit oft ein typisches Kennzeichen dieser Erfahrungen. Man spürt den Hauch der Ewigkeit. Oder man spürt gar nichts mehr und gerade das, diese eigentliche Nicht-Erfahrung, macht die Ewigkeits-»Erfahrung« aus. So wird die höchste Form außergewöhnlicher spiritueller Erfahrungen – Atman – durch eine Dimension von Bewusstsein beschrieben, bei der man so total in der höchsten Macht aufgeht, dass in der Wahrnehmung nichts anderes mehr existiert. Mit diesem Zustand geht vollkommene Ekstase einher, die wie auf mysteriöse Weise ohne jede Emotion ist. (Bragdon 1990, S. 7)

Solche außergewöhnlichen spirituellen Erfahrungen stellen eine Bereicherung unseres Lebens dar. Sie ermöglichen Empfindungen von innerem Frieden oder das Erahnen einer höheren Macht. Außergewöhnliche Erfahrungen sind Unterbrechungen des Alltags, die darauf verweisen, dass es noch etwas anderes gibt – sie fördern die Offenheit für eine andere Dimension. Will jemand nur noch außergewöhnliche Erfahrungen machen und vernachlässigt er dabei zunehmend den Bezug zur Wirklichkeit und die konkrete Auseinandersetzung mit dem wirklichen Leben, dem Alltag, können solche Erfahrungen schädlich sein.

Der Schauspieler, der durch das ständige Einnehmen von Aufputschmitteln in sich ein Gefühl großer Zufriedenheit erweckt, ruiniert mit der Zeit seine körperliche und seelische Gesundheit. Der Guru, der nur noch die Suche nach der höchsten Form der Erleuchtung kennt und glaubt, die Niederungen des alltäglichen Lebens umgehen zu können, entzieht sich zunehmend dem wirklichen Leben mit seinen vitalen Bedürfnissen, menschlichen Unzulänglichkeiten und Banalitäten. Der orgasmusfixierte Don Juan vermag in seinen Sexorgien vielleicht seine unerfüllte Sehnsucht nach Intimität und Liebe ertränken. So vermeidet er es, den mühsamen Weg zu gehen, der ihn am Ende zu der Erfahrung echter Intimität und Liebe führt.

Werden sie nicht absolut gesetzt, können außergewöhnliche Erfahrungen unser Bewusstsein dafür stärken, dass es Kräfte gibt, dass es eine Dimension gibt, die weiter und tiefer greift als das, was uns tagtäglich bestimmt. Sie können helfen, die Eindimensionalität, die unser Denken und Tun zu beherrschen scheint, durchlässig zu machen. Außergewöhnliche Erfahrungen zeigen uns dann, dass es da noch mehr gibt und wir die Eindimensionalität sprengen müssen, wollen wir uns selbst gerecht werden. Sie erinnern uns daran, bisweilen nötigen sie uns sogar dazu, unsere eindimensionale Welt zu sprengen, um uns den Raum, den Sinn, die Erfüllung zu schaffen, die wir brauchen, um uns mehr als ganz und erfüllter zu erleben.

Innehalten

Stelle dir vor: Die Dimension des Jetzt, in der du dich bewegst, die von der Zeit und deinem Tun bestimmt wird, wird für dich durchlässig. Durch die undichten Stellen des Jetzt scheint die Dimension des Ewigen durch. Du darfst erfahren, dass es da noch etwas anderes gibt, dass da etwas Größeres, eine größere Macht am Wirken ist. Deine Eindimensionalität wird erweitert um eine neue Dimension. Du selbst wirst weiter. Dein Denken, Fühlen, Empfinden wird erweitert. Das aber hilft dir, das Gegenwärtige, Zeit-

bedingte zu relativieren. Dein Sein, das, was dein Leben,
was den Sinn deines Lebens ausmacht, beschränkt sich
nicht länger auf das Gegenwärtige und Zeitbedingte. Was
dir Halt, Orientierung, Trost in deinem Leben vermittelt,
was dir in der Erfahrung von Angst und Hoffnungslosigkeit
Hilfe und Stütze sein kann, dir Gelassenheit und Zuversicht
schenkt, ist nicht beschränkt auf die Möglichkeit des Jetzt.
Du hast Zugang zu einer Quelle, einer Erfahrungsmöglich-
keit, die jetzt schon in dein Leben, in deine Alltagswelt ein-
wirkt, obwohl sie eigentlich einer anderen Welt angehört.
Wenn du offen dafür bist, wirst du die Stellen entdecken,
durch die die Welt des Ewigen in deine Welt des Jetzt ein-
bricht, um wie Strahlen der Sonne deinen Alltag zu er-
leuchten und zu erwärmen, wenn Dunkelheit dich umgibt,
um für dich das Licht zu sein, das Helligkeit in dein Leben
bringt.

Diese Erfahrung entbindet uns nicht davon, uns unserer
Welt zu stellen, ganz in ihr zu leben. Sie so für uns einzu-
richten, dass wir darin entsprechend unseren Bedürfnissen, Wünschen und Sehnsüchten leben können. »Das
Ewige darf kein Asyl sein, in das man flieht, weil man das
Leben und die Geschichte nicht mehr ertragen zu können meint ... Die Geschichte anerkennen, sie sehen in ihrer harten Realität – aber sie speisen aus dem Born des
Ewigen, ist angemessener, als sie fliehen.« (Scheler
1954, S. 8) Mühen und Schweiß, Krisen und Konflikte, täg-
liche Auseinandersetzungen mit uns und anderen sind
bis zum Schluss Teil unseres Lebens. Das Jetzt an das
Ewige anschließen, heißt daher auch: ganz im Jetzt leben. Alle Verantwortung wahrnehmen, die aus dem Jetzt,

dem Leben hier und heute sich ergibt. Also, sich nicht einfach in seine eigenen vier Wände zurückziehen, eine idyllische Oase aufsuchen, in der man vor der Realität des Alltags gefeit ist. Das Jetzt an die Ewigkeit anschließen meint, von alledem immer wieder einen Schritt zurücktreten können, nicht darin aufgehen. Sich der Verankerung mit der Ewigkeit bewusst sein oder immer wieder bewusst werden.

Zweiter Teil

Unsere Psyche ist zutiefst einer raumzeit-
losen Seinsform teilhaftig. Sie gehört dem
an, was unzulänglich und symbolisch als
»Ewigkeit« bezeichnet wird.

C. G. Jung

Das Reich der Seele

Die Seele – eine See in dir

Um besser verstehen zu können, was ich damit meine,
wenn ich davon spreche, das Ewige im Jetzt zu erfahren,
kann es helfen, sich mit dem Seelenverständnis des
Tiefenpsychologen Carl Gustav Jung vertrauter zu machen. Nach seiner Vorstellung gibt es in jedem Menschen eine unendliche Tiefe, einer See vergleichbar,
deren Ausmaße wir nicht zu ermessen vermögen. Das
deutsche Wort *Seele* ist etymologisch verwandt mit *See*
und hat die Grundbedeutung *die zum See Gehörende*.
Diese Tiefe unseres Seins, die See in uns, ist das Reich
der Seele.

Mich fasziniert die Vorstellung von unserer Seele. Sie
eröffnet mir eine innere Welt, die ins nahezu Grenzenlose
geht. Ich erahne, dass es diese Welt gibt. Und es wird
wohl nie über ein Ahnen hinausgehen. Allein die Vorstellung davon lässt mich staunen und wundern. Allein
die Vorstellung von einem unendlich weit erscheinenden
Meer in mir, verbindet mich bereits mit dieser Tiefe, die
ich irgendwie in mir spüre. Ich merke, wie ich »weiter«
werde, mein Fundament im Bewusstsein dieser Dimension breiter wird, sich ausdehnt, bis hin ins Unermessli-

che. Ich stehe nicht nur auf einem Betonboden, der den Zugang nach unten abschneidet. Mir sind durch meinen Körper deutliche Grenzen vorgegeben. Zugleich bin ich aber mit etwas in Berührung, das über das hinausgeht, was ich sehen, umfassen, spüren kann. Das kann auch der Moment sein, in dem ich deutlicher als je zuvor spüre, dass ich, wie Marie-Louise von Franz, eine Schülerin von C.G. Jung, (in: Dowrick 1995, S. 8f.) es formuliert, auf einem soliden Grund stehe, »auf einem Boden der Ewigkeit, den sogar der physische Tod nicht zu berühren vermag«.

Mit der ganzen Menschheit verbunden

Diese See in mir teile ich mit der übrigen Menschheit. Sie verbindet mich mit ihr. Denn in ihr hat sich über die Tausende von Jahren, seit es Menschen gibt, ein Fundus angesammelt, der zu uns Menschen gehört und uns mit unserer Vergangenheit und den Menschen, die vor uns gelebt haben, verbindet. »Wir sind Teil eines kollektiven Gedächtnisses, auf das wir alle zurückgreifen. Unbewusst sind wir mit allen anderen verbunden.« (Sheldrake/Fox 1996, S. 100)

C.G. Jung (1993, S. 19) spricht hier von dem »ungeheuren Schatz der Niederschläge aller Ahnenleben«. Ein Schatz, der uns größtenteils nicht bewusst ist. »Könnte man das Unbewusste personifizieren, so wäre es ein kollektiver Mensch, jenseits einer geschlechtlichen Besonderheit, jenseits von Jugend und Alter, von Geburt und Tod, und würde über die annähernd unsterbliche menschliche Erfahrung von ein bis zwei Millionen Jahren verfügen. Dieser Mensch wäre schlechthin erhaben über den Wechsel der Zeiten. Gegenwart würde ihm ebenso viel bedeuten wie irgendein Jahr im hundertsten Jahrtausend vor Christi Geburt.« Dieser kollektive Mensch, so C.G. Jung weiter, scheint aber keine Person zu sein, »sondern etwas wie ein unendlicher Strom oder vielleicht ein Meer von Bildern oder Formen, die uns gelegentlich im Traum oder in abnormen geistigen Zuständen zum Bewusstsein kommen«.

Innehalten

Stelle dir vor, in dir ist eine See, eingehüllt von Nebelschwaden. Diese Tiefe in dir verbindet dich mit der übrigen Menschheit, sie hält in sich, was uns Menschen eigen ist, zugleich ist sie aber auch deine ganz eigene Tiefe. Von ihr wird dein Leben entscheidend mitbestimmt. Du kannst so tun, als hättest du damit nichts zu tun. Doch du bist ein Teil dieser See, ob du es willst oder nicht, es dir zugestehst oder nicht. Du löst dich nicht darin auf. Du bist aber erst dann ganz du, wenn du deine Zugehörigkeit zu dieser Tiefe nicht verleugnest, wenn du neben deinem bewussten Ich auch um den Bereich des kollektiven Unbewussten weißt und ihn als einen Teil von dir siehst und bereit bist, diesen Bereich für dein Leben zu nutzen.

Beseelung durch Bewusstmachung

Den unendlichen Strom in dir, dieses »Nicht-Ich«, gilt es sich weitgehend bewusst zu machen und als hilfreichen, beständigen Begleiter anzunehmen. »Wer von sich weiß, dass sein Bewusstsein engste Begrenzung besitzt, ist angeschlossen an das Unbegrenzte des Unbewussten ...« (Jung 1964, S. 62ff.) Nach dem Tiefenpsychologen Robert A. Johnson (1989, S. 7) müssen wir »das Unbewusste konsultieren und mit ihm kooperieren, um das ganze Potential wahrzunehmen, das in uns vorhanden ist«. Den Kontakt zum Unbewussten stellt die Anima, *das wirkende Prinzip der Seele*, her. C.G. Jung (in: Jacobi 1965, S. 56f.) bezeichnet sie als Brücke zum Unbewussten, »zu den tiefsten Schichten der Psyche«. Die Anima sieht es als ihre Aufgabe an, unser Leben zu bereichern, zu vertiefen und zu beseelen, indem sie uns an die Schatztruhe des Unbewussten heranführt. Sie ist Engeln vergleichbar, die Botschaften vom Himmel an den Menschen überbringen.

Diese Beseelung gehört mit zu den spannendsten, zugleich aber auch geheimnisvollsten Erfahrungen unseres Lebens. Ganz langsam beginne ich zu erahnen, was das heißen kann, mich von meinem Unbewussten beseelen zu lassen. Je älter ich werde, desto mehr bin ich dazu bereit, vielleicht auch fähiger dazu. In der Offenheit für das Unbewusste werde ich zunehmend offener dafür, meinen Alltag gelassener anzugehen. Ich nehme Anteil an einer Welt, die grundsätzlich mit mir zu tun hat, die mir vorenthalten und fremd bleibt, wenn ich sie nicht bewusst suche bzw. mir bewusst mache. Indem ich anerkenne, dass mein Bewusstsein enge Grenzen besitzt, bin ich angeschlossen an das Grenzenlose, das Reich des Ewigen. »In dieser Bewusstheit erfahre ich mich zugleich als begrenzt und ewig, als das eine und das andere.« (Jung 1964, S. 62ff.)

Innehalten

Machst du die Erfahrung, an die Welt des Ewigen angeschlossen zu sein, vernimmst du von ferne das Rauschen des Flusses, von dem du selbst ein Teil bist. Hast du bisher nur die äußere kleine und große Welt um dich herum wahrgenommen, so wirst du jetzt sensibler für eine Wirklichkeit, die du bisher wenig beachtet oder wahrgenommen hast, die aber viel mit deinem Leben zu tun hat. Diese Wirklichkeit kann gleichsam über dich hereinbrechen, wie etwas, das von »oben« auf dich hereinbricht und sich in dir breit macht. Du könntest dich ganz von dieser Wirklichkeit in Anspruch nehmen lassen, ganz in ihr aufgehen. Das aber wäre gefährlich. Es wäre etwas, was mit dem Verlust deines Ichs, deiner Einzigartigkeit, deiner Individualität verbunden wäre. Darum geht es aber nicht. Es geht darum, mit der Tiefe in dir in Berührung zu sein, diese andere Wirklichkeit wie einen Strom in dein bewusstes Leben einfließen zu lassen, ohne dabei von ihm überflutet zu werden.

Verwandlung und Hilfe in Zeiten
der Not

C.G. Jung versteht es, überzeugend zu vermitteln, wie tief hinein in einen Menschen das Unbewusste wirken kann, wie sehr es uns zu verwandeln vermag. Der Mensch, der das Unbewusste sich bewusst erschließt, geht mit einem anderen Bewusstsein durch das Leben als zuvor. Er hat etwas erfahren, was ihn anders im Leben stehen und sein lässt. Er kommt sich »in einer gewissen Art und Weise vor, und das ist für mich eine Tatsache, welche zu bezweifeln weder möglich noch sinnvoll ist«. Ebenso kommt er »anderen in bestimmter Art und Weise vor, und das ist ebenfalls eine Tatsache, die nicht zu bezweifeln ist ... Ob und was für eine Veränderung durch die Integrierung« des Unbewussten stattgefunden hat, »ist und bleibt subjektive Überzeugung ...« (Jung 1997, S. 290f.)

Vor allem sollen wir nach C.G. Jung (in: Jacobi 1965, S. 119), wenn das Bewusste an seine Grenzen kommt, wenn »das Ich in einen anscheinend ausweglosen Konflikt verstrickt, in eine Sackgasse geraten« ist, »der inneren Instanz, dem Selbst, die Führung überlassen«. Das sind dann auch die Situationen, in denen C.G. Jung Briefe an seine Anima schrieb, um ihre Hilfe und Einsichten in Anspruch zu nehmen.

Die Erfahrung
der Verbundenheit mit
der Welt-Seele

Vermittlung von Sinn, Halt und dem Gefühl von Zugehörigkeit

Wenn wir uns mit der Ewigkeit verbunden fühlen, kommt das auch der Erfahrung gleich, die C.G. Jung meint, wenn er davon spricht, dass wir uns als Teil der Welt-Seele erleben können. In der Erfahrung der Verbundenheit mit der Weltseele bin ich, so C.G. Jung (1993), so sehr an das Ewige angeschlossen, »dass ich nur allzu leicht vergesse, wer ich in Wirklichkeit bin. ›In sich selbst verloren‹ ist ein gutes Wort, um diesen Zustand zu kennzeichnen. Dieses Selbst aber ist die Welt, oder eine Welt, wenn ein Bewusstsein es sehen könnte.« (S. 24) Diese Erfahrung vermittelt uns Halt und das Gefühl von Zugehörigkeit und Geborgenheit. Die Verbundenheit mit der Weltseele erfahren heute offensichtlich immer weniger Menschen. Umso deutlicher spüren sie die Sehnsucht danach. So schreibt C.G. Jung (1971, S. 759):

»Entscheidend ist dabei, diese Verbundenheit mit der Weltseele zu *spüren*. Die Erfahrung zu machen, dass die Seele nicht nur in mir ist, sondern ich in ihr bin. Das

41

Ewige sich nicht nur in mir befindet, sondern ich Anteil habe am Ewigen.« Erleben wir uns als Teil des Ewigen, in der Terminologie C.G. Jungs der Welt-Seele, tritt ein, was er mit den Worten beschreibt: »Wenn man versteht und fühlt, dass man schon in diesem Leben an das Grenzenlose angeschlossen ist, ändern sich Wünsche und Einstellung. Letzten Endes lebt man wegen des Wesentlichen, und wenn man das nicht hat, ist das Leben vertan.« (Jung 1993, S. 7)

Fühlen wir uns mit der Weltseele verbunden, »fühlen wir uns in einer ganz besonderen Art beseelt ... Denn wenn wir und die Welt beseelt und belebt sind, dann fragen wir nicht mehr: ›Hat das Leben einen Sinn?‹, sondern dann *ist* es an sich und aus sich heraus«, meint Daniela Heisig. (1996, S. 146f.) Aufgabe von Therapie ist nach ihrer Auffassung deshalb auch, »die Seele des Menschen zurückzuholen, ihn zu beseelen. Ihn reanimieren, oder: den Menschen in die Seele zurückführen«. Sind wir mit der Weltseele in Verbindung, spüren wir, dass die Seele nicht nur in uns ist, sondern wir auch in ihr sind. Über die Weltseele sind wir an das kollektive Unbewusste, das allen Menschen zu Eigen ist, angeschlossen.

Sehen, was wir bisher nicht sahen

Die Seele stellt die Verbindung mit der Welt-Seele her, indem sie den Augenblick mit der Ewigkeit verbindet. Mein Atmen, mein Gehen, mein Stehen, mein Innehalten, mein Beten und Lieben ist dann Vergegenwärtigung des Ewigen. Es ist mein persönlicher Ausdruck im Rhythmus dessen, was immer schon war und immer sein wird.

Im Alter, wenn der Zenit des Lebens überschritten ist und die einst grenzenlosen Möglichkeiten immer deutlicher an Grenzen stoßen, fällt die Verbindung mit der Weltseele in der Regel leichter. Aus der Verbindung mit der Weltseele erwächst uns Trost. Leben und Tod, Diesseits und Jenseits kommen sich näher, irdische Leiblichkeit und Vergänglichkeit stehen sich nicht länger schroff gegenüber. Uns wird bewusster, dass der Mensch nur ein Hauch ist (vgl. Jesaja 2,22). Wir sehen und erleben uns wieder mehr als Teil dieses ewigen Lebensstromes, der vor Urzeiten seinen Anfang genommen hat und dessen Ende nicht abzusehen ist.

Nachdem wir uns vielleicht zunächst dagegen aufgelehnt haben, sind wir zunehmend bereit, uns von dem zu verabschieden, was bisher galt und zählte. Doch erst, wenn wir dazu bereit sind, werden uns die Augen wirklich geöffnet, sehen wir, was wir bisher nicht sahen. Wir erhalten im Jetzt Anteil am Ewigen, das uns einmal ganz und endgültig umfangen wird. Bis es so weit ist, wird es bis zum Ende ein ständiger Kampf sein, ein Auflehnen und Sich-Ergeben. Dieser Kampf wird uns nicht erspart bleiben, so sehr er uns manchmal auch lästig ist. Wir müssen uns ihm stellen!

Innehalten

Manchmal musst du einfach den Mut haben, den Rubikon zu überschreiten, um in das Reich des Ewigen gelangen zu können. Wenn du einmal den Schritt gewagt hast, wenn du einmal, ohne zurückzuschauen, den Schritt, den entscheidenden Schritt, in diese Richtung getan hast, hast du es geschafft. Dann hast du es gesehen, erfahren. Dann aber wird es dir nicht mehr schwer fallen, diesem Bereich in deinem Leben mehr Platz einzuräumen. Wichtig für dein Leben ist dabei die Erfahrung, Teil der Ewigkeit zu sein, dich gehalten und geborgen zu wissen im Ewigen, von ihm umfasst zu sein.

Als ich in der Zisterzienserabtei Marienstatt einen Vortrag zum Thema *Trau deiner Seele* hielt, berichtete bei der anschließenden Diskussion eine Frau von ihrem 9-jährigen Enkel, der gesagt habe, die Seele sei Gott und jeder von uns trage durch die Seele etwas von Gott in sich. Bin ich offen für das Ewige, meldet sich der göttliche Teil in mir, spüre und erfahre ich meine Verbundenheit mit dem, wovon ich ein Teil bin – der Seele, von Gott. Es gibt nicht nur eine Seele in uns, sondern wir sind Teil der Welt-Seele, des Ewigen. Der Mystiker und Benediktiner David Steindl-Rast drückt das auf dem Hintergrund seines christlich-mystischen Gottesbildes in den Worten aus: Gott ist in mir und ich bin in Gott. Erfahren wir die Verbundenheit mit der Welt-Seele, sind wir angeschlossen an das Ewige, ja DEN EWIGEN, erwächst uns daraus ein Gefühl von Zugehörigkeit, Halt, Geborgenheit und Sinn für unser Sein und Leben im Jetzt.

Sich dem Schicksal überlassen heißt, sich dem Ewigen überlassen

Die Seele ist wie ein Fluss

Die Seele ist wie ein Fluss, der ständig fließt. Sie hat keinen Anfang und kein Ende. Sie fließt, fließt, fließt. Sie lässt sich nicht unterbrechen und nicht erschüttern. Sie bleibt immer die Gleiche. Sie trägt mich dahin, wohin ich getragen werden muss. Sie weiß, wohin es geht. Ich weiß es nicht. Manchmal habe ich vielleicht eine winzige Ahnung davon. In einem Traum vermag ich für Momente tiefer oder weiter sehen können, mag ich wie durch ein Fenster, dessen Glas matt ist, einen getrübten Blick auf den ewigen Lebensstrom meiner Seele erhaschen. Das kann mir helfen, mein aktuelles Leben wieder mehr auf dem Hintergrund meiner Seele und ihrer Verbundenheit mit der anima mundi, der Weltseele, zu sehen, an der alle Dinge Anteil haben und durch die alle Dinge beseelt sind.

In solchen Augenblicken kann mir immer wieder bewusst werden, dass unabhängig davon, was jede Minute, jede Stunde in meinem Leben an Schönem und Tragischem geschieht, dieser ewige Lebensstrom meiner Seele mich unerbittlich und treu weiterträgt – zu meinem Ziel hin. Ich mag mich noch so freuen, ich mag noch so ehrgeizige persönliche und berufliche Ziele verfolgen, ich mag mich noch so sehr auflehnen gegen dieses und jenes, noch so sehr leiden – angesichts dieses Lebensstromes meiner Seele, der sich davon nicht abhalten lässt, weiterzufließen (lässt er sich davon berühren?), wird das alles sehr relativiert. Das kann hart, aber auch tröstlich sein.

Ich sitze in der Fähre, die mich gleich nach Sansibar bringen wird. Ich schaue aus dem Fenster auf den Hafen von Dar es Salam. »Der Herr hat mich schon gehabt im Anfang seiner Wege. Ich bin eingesetzt von Ewigkeit her, im Anfang, ehe die Erde war«, lese ich im Buch der Sprüche Salomons. (Spr 8,22f.) Ich spüre in mir eine leise Freude und Dankbarkeit. »Du hast mich schon gehabt im Anfang deiner Wege«, spreche ich in meinem Herzen. Ich lausche dabei dem Rauschen des Lebensstromes in mir. »Du Herr hast mich gehabt im Anfang.« Als er die Grundfesten der Erde legte, da war ich sein Liebling, heißt es weiter. »Ich bin dein Liebling.« Ich schaue auf den Indischen Ozean, schaue in die Sonne, muss jetzt die Augen schließen, da sie mich blendet. »Du hast mich schon gehabt von Anfang an.« Auf der Überfahrt von Dar es Salam nach Sansibar entdecke ich einen Muslimen mit einer Gebetskette, versehen mit kleinen, hellgrünen, glitzernden Steinchen. Er nimmt ein Steinchen nach dem andern in die Hand, löst es von der Menge der einen Seite und gesellt es der Menge auf der anderen Seite bei. Für einen winzigen Augenblick behält er das eine

Steinchen zwischen den Fingern, bevor er es weitergibt. Von Ewigkeit zu Ewigkeit. Ich denke an den Philosophen Quasimodo, der sinngemäß sagt: Wir leben für einen Augenblick auf dem Herzen der Erde, getroffen von einem Sonnenstrahl. Dann wird es Abend und die ewige Finsternis beginnt.

Dieser Moment, in dem der Muslim das Steinchen »bewusst« zwischen seinen Fingern hält, ist unser bewusstes Leben – im Prozess der Ewigkeit. Es ist genau der Augenblick, in dem ich jetzt lebe. Er ist als Teil der Ewigkeit wirklich nur ein kurzes Aufleuchten, mögen wir auch 70 oder 80 Jahre alt werden. »Ich bin eingesetzt von Ewigkeit her.« Von Ewigkeit zu Ewigkeit.

Innehalten

Stelle dir einen sich dahinwälzenden Strom vor, dem du alles abgeben kannst. Spüre die Erleichterung, die davon ausgeht. Sieh in ihm das Bild vom Lebensstrom, der immer war und immer sein wird. Von dem du ein Teil bist. Es ist ein Bild von deinem Leben, das dahinfließt, von Ewigkeit zu Ewigkeit. Dieser Lebensstrom lässt dich teilhaben am Ewigen, an Gott, der keinen Anfang und kein Ende hat. Du hast teil an der Ewigkeit, gehörst wie selbstverständlich dazu. Schließe die Augen und komme in Berührung mit dem Strom der Ewigkeit, der in dir fließt und von dem du ein Teil bist, in dem du fließt. »Der Herr hat mich schon gehabt im Anfang seiner Wege, ehe er etwas schuf, von Anbeginn

*her. Ich bin eingesetzt von Ewigkeit her, im Anfang, ehe
die Erde war«, heißt es im Buch der Sprüche Salomons.
(Spr 8,22f.) Du bist eingesetzt von Ewigkeit her, Teil des
Lebensflusses, Teil der Ewigkeit. Du hast Anteil am Ewigen,
an Gott.*

»Wer sich einmal dem Schicksal überlassen hat, der ist
befreit«, sagt Hermann Hesse. Ich kann auch sagen, wer
sich einmal dem Ewigen überlassen hat, der ist befreit.
Er hat den Punkt gefunden, von dem aus er die richtige
Warte für sein Leben einnehmen kann. Er und sie fragen
nicht mehr, was das Beste und Vollkommenste für ihr Leben ist. Sie überlassen sich dem Ewigen und handeln
entsprechend ihren Möglichkeiten. Was immer sie tun,
wird das Beste und Vollkommenste sein, so dürftig und
unvollkommen es in den Augen anderer und vor ihrer
eigenen kritischen Beurteilung erscheinen mag, solange
sie angeschlossen bleiben an das Grenzenlose. Sie sind
beseelt und durchtränkt vom Ewigen, es ist getränkt von
der Ewigkeit. Sie werden durchflutet von DEM, der die
Quelle ihres Lebensflusses ist, in der sie ihren Anfang
genommen haben und zu der sie zurückkehren werden. Sie befinden sich auf dem *ewigen Weg.* (vgl. Psalm
139,24)

Gelassenheit – loslassen und zulassen

Wenn Jetzt und Ewigkeit zusammenfallen, du dich dem Schicksal überlässt, waltet Gelassenheit, die Haltung, die in der Ewigkeit verankert ist und im Jetzt gelebt wird. Sie ist die Tür zur Erfahrung der Fülle des Jetzt, eingebettet in die Unendlichkeit des Ewigen. *To let go and to let be*, loslassen und zulassen – das kennzeichnet Gelassenheit. Das ist das Erkennungszeichen des Menschen, der sich dem Fluss des Lebens aussetzt. Der nichts festhält, auch sich nicht festhält.

Wenn Jetzt und Ewigkeit zusammenfallen, wird unser Jetzt sichtbarer und erfahrbarer Ausdruck des Ewigen. Dann ist es auch nur selbstverständlich, dass wir eines Tages wieder ganz in die Ewigkeit zurückkehren. Dann können wir eigentlich gar nichts anderes wollen. Dann wird es, wenn es so weit ist – bei aller verständlichen anfänglichen Auflehnung – in Ordnung und erträglich sein, in die Ewigkeit zurückzukehren. Wie es Dorothee Sölle vorlebte, die sagte: »Ich glaube an das ewige Leben. Es geht weiter. Ich bin dann ein Tropfen in diesem Meer ...«

Wenn ich mir überlege, wie viele Menschen, die ich kannte und die in meinem Leben eine Rolle gespielt haben, inzwischen gegangen sind, wundere ich mich immer wieder und kann es manchmal nicht begreifen, dass sie gegangen sind. Zugleich habe ich es aber auch akzeptiert, ja als Selbstverständlichkeit angenommen. Das Leben, mein Leben geht weiter. Und eines Tages werde ich es selbst sein, der geht und dann gegangen ist. Wie wir mit der Tatsache des Todes umgehen und leben können, hat viel mit der Einstellung zum Leben, überhaupt mit der Vorstellung von Leben zu tun. Die gelassene Haltung des *to let go and to let be* erscheint mir die zu sein, die am ehesten dazu geeignet ist, auf eine lebensbejahende – weil den Tod nicht verachtende – Weise damit zurechtzukommen.

Gelassenheit erwächst aus der Erfahrung der Verbundenheit mit dem Ewigen, von der das augenblickliche Leben, das Jetzt, nicht mehr als ein kurzes Aufblitzen darstellt. Sie versteht es, alle Erfahrungen, die schweren und die schrecklichen, die Glücksmomente wie die Augenblicke, in denen uns tiefe Verzweiflung überfällt, in das richtige Lot zu bringen. Sie ist vergleichbar mit dem Wasser, welches, so Laotse (in: Herrigel 1972, S. 35), zu allem passend sich allem anpasst. Das verlangt loszukommen von sich selbst, so entschieden sich selbst und all das meine hinter mir zu lassen, dass von nun an »nichts mehr übrig bleibt als das absichtslose Gespanntsein« (S. 44).

Ich sitze am Strand von Delray Beach in Florida, während der Tag gerade dabei ist zu erwachen. Ich höre die Wellen, die laut ineinander fallend sich auf den Strand zubewegen. Hurricane George treibt sie an. Überlasse ich mich innerlich den Wellen, führen sie mich in die Ewigkeit, in das Meer meines Ursprunges und meines Weiterlebens. Sie ermahnen mich zugleich, dass ich nur einen Atemzug, einen Tropfen im immer währenden Lauf dessen, was wir Leben nennen, darstelle. Sie kommen und gehen, for ever and ever.

Dritter
Teil

Mein Leben ist am heiligsten, wenn ich morgens erwache. Oft umgibt mich eine Aura, als wären meine Träume, deren ich mich nicht entsinnen kann, göttlich gewesen, als hätte mein Geist eine Reise in seine Heimat angetreten.

Henry David Thoreau

Die Träume – eine Quelle
uralten Wissens

Einen Blick in die Ewigkeit werfen

Eine vorzügliche Weise, mit dem Unbewussten, der Welt-Seele, dem Ewigen in Berührung zu kommen, stellen unsere Träume dar. Aus den archetypischen Bildern der Träume spricht, so Jolande Jacobi (1965, S. 110), die Stimme der Natur, die den Menschen schon immer angeleitet hat: »Sie sind durch keine intellektuellen Spekulationen oder Meinungen verfälscht, sondern eine Quelle uralten Wissens, das dem verödeten Gegenwartsbewusstsein fehlt. Das gilt sogar für Träume, die ungedeutet bleiben, denn auch diese üben durch ihre Dynamik und ihre Symbolgefühle eine Wirkung auf die Seele aus. Häufig stellen sie ihre Deutung gleichsam von selber dar, sie bringen unerwartete Einsichten oder Erleuchtungen, die wegweisend werden können. Sie vermögen aber auch durch ihre Numinositäten zu erschüttern und zu verwandeln.«

Über unsere Träume können wir teilhaben an dem ewigen »Wissen«. Wenn wir darauf verzichten, dieses Wissen uns zugänglich zu machen, vergeben wir uns ungeahnte Möglichkeiten. Ich jedenfalls spüre bei mir einen starken Drang, diese Welt in mir kennen zu lernen. Ich will in Kontakt mit ihr sein. Ich will in mir spüren, dass ich mit dieser Welt verbunden bin. Wenn ich das aber spüre, erfahre ich die Verbundenheit mit dem Ewigen. Ich erlebe mich dann als Teil der Ewigkeit. Ich gehöre dazu. Ich weiß nicht nur darum oder sie existiert nicht außerhalb von mir. Vielmehr bin ich in ihr, erfahre ich sie in mir.

Durch die Träume werde ich mit meinem tiefsten Bereich verbunden, nimmt etwas aus meinem Unbewussten Wohnung in meinem Bewussten. Ich werde dadurch auch mit meinem Anfang, meinem Ursprung in Berührung gebracht. Ich höre, wenn ich offen dafür bin, das Rauschen des Meeres, aus dem meine See gespeist wird. Ich spüre meine Verbundenheit mit dem, was uns Menschen im Tiefsten gemeinsam ist. Unabhängig davon, was ich aus meinen Träumen lese, heben sie diese Wirklichkeit unseres gemeinsamen Ursprungs in das Bewusstsein. Sie kommen aus einer großen Tiefe und führen mich hin zu einer großen Tiefe. Sie erweitern dadurch mein Leben um eine gewaltige Dimension, bis hin zu meinem menschlichen Ursprung. »Von Ewigkeit her bin ich gebildet, von Anbeginn vor dem Ursprung der Welt« (Spr 8,24f.), so die Weissagung von Sophia, der Weisheit, im Alten Testament. Sie betten dadurch mein Leben in eine Dimension ein, die den Augenblick wie einen Tropfen im Meer der Ewigkeit erscheinen lassen. Sehr schön finde ich diese Vorstellungen in folgendem alten Gebet wiedergegeben:

Ein Tag, der sagt's dem andern,
Mein Leben sei ein Wandern
Zur großen Ewigkeit.
O Ewigkeit, so schöne,
Mein Herz an dich gewöhne,
Mein Heim ist nicht in dieser Zeit.

Innehalten

Stelle dir vor, du schaust in einem Traum durch ein Fenster – vielleicht ist es ein Fenster deines Elternhauses – und plötzlich siehst du, wie die Sonne untergeht. Und das mitten am Tage. Sonnenfinsternis macht sich breit. Du wirfst einen Blick in die Ewigkeit. Für einen Moment öffnet sich die Mauer, die zwischen deinem Bewussten und dem Unbewussten steht. Du machst dabei die Erfahrung: Diese Welt der Ewigkeit ist nicht nur in dir – du bist in ihr. Sie umgibt dich. Du bist ein Teil von ihr. Du selbst bist Ewigkeit. Du bist ein Teil dieses Stromes. Für eine bestimmte Zeit wird dir eine besondere Wachheit, ein ganz eigenes Bewusstsein geschenkt, dass du lebst. Das ist die Zeit, die wir Leben nennen. Du verstehst von innen her, dass wir nur für einen Augenblick auf dem Herzen der Erde leben. Das ist ein Privileg, eine Gnade, ein Geschenk. Lasse das tief in dich hineinwirken. Spüre die Dankbarkeit, die sich einstellen mag, und verweile für einige Zeit in dieser inneren Wachheit und dem Gefühl von Dankbarkeit.

Einblicke in das Innerste
meiner Tiefe

Die Träume gewähren mir Einblicke in das Innere meiner Tiefe, in den inneren und innersten Bereich meiner Seele. Sie und die Imagination, über die ich im Wachzustand mit dem Unbewussten in Kontakt kommen kann, sind der königliche Weg zum Unbewussten, für das dieser tiefe Bereich in mir steht. Wer diese Tiefe in sich vergegenwärtigen und fruchtbar machen will, muss in ständigem Kontakt mit dieser Tiefe sein, zum Beispiel über seine Träume. Sie sind Kontaktangebote aus unserer Tiefe. Da klopft jemand an unsere Tür und hofft, eingelassen zu werden. Oder sie sind – wie sie Erich Fromm einmal nannte – Briefe eines Freundes. Öffnen und lesen wir sie nicht, entgeht uns etwas Schönes und Wichtiges.

Wer offen ist für seine Träume, schenkt sich die Möglichkeit, sich bewusst als Teil des ewigen Flusses Leben zu erfahren. Er erlebt und erfährt sich als Teil dieses Meeres, das ihn mitträgt und ihn umfasst.

Die Träume – Sprache
der Seele

Wach sein für die Träume,
wach sein für die Seele

Offen und wach zu sein für die Träume, heißt auch, offen und wach zu sein für unsere Seele und für das, was sie uns über sich und damit über uns mitteilen will. Arbeit an der Seele – und dazu zählt die Traumarbeit – heißt für C.G. Jung (in: Jacobi 1965, S. 29f.), den aus den unbewussten Tiefen aufsteigenden ›Mitteilungen‹ »Anrecht und Würde zuzuerkennen und darüber hinaus das Bewusstsein zu stärken, damit es den Forderungen gewachsen ist, die ihm auf der großen Lebensreise ... gestellt werden«. Im Traum zeigt sich unsere Seele. Sie führt uns durch unser Haus. Sie erinnert uns an unsere Vergangenheit, führt uns zurück in die Tage der Kindheit. Sie lässt die Gerüche, vor allem aber die Gefühle dieser Tage in uns wach werden.

Die Träume durchziehen mein Bewusstes, wie Nebelschwaden am Morgen durch das Land ziehen. Sie steigen herauf aus meiner Tiefe, gehören zu mir. Ehe sie sich ganz auflösen und sich mir, meinem Bewusstsein entziehen, tauche ich in sie ein, lausche ich ihnen, versuche ich zu erspüren und bin offen dafür, was sie mir sagen wollen. Ich begegne den Träumen, wie ich einem Gemälde begegne, bei dem ich offen dafür bin, dass das Gemälde selbst mir etwas von sich sagt. Dabei gibt es viele verschiedene Möglichkeiten. Ich bin offen dafür, dass die Träume mir etwas ganz Neues, auch mich Herausforderndes mitteilen. Ich bin dabei nicht besetzt davon, unbedingt etwas von ihnen zu hören oder genau verstehen zu wollen, was sie mir sagen.

Allein die Träume zu beachten, sie auf mich wirken zu lassen und mich von ihnen berühren zu lassen, trägt bereits dazu bei, mich ganzheitlicher zu erfahren, meine Tiefe deutlicher zu spüren. Es kann mir helfen, mich zu erden, mich mit meinem Grund zu verankern, in Berührung mit der anima mundi, der Weltseele, zu kommen. Das aber gibt mir Halt, Eigen-Stand, Selbst-Stand. Es vermittelt ein Gefühl von Verbundenheit, Zugehörigkeit, Sinn. Dann wirft mich nichts so schnell um. Dann beeindruckt mich auch so manches nicht mehr, was mich sonst ohne Kontakt mit meinem Grund recht schnell beeindrucken und von mir wegführen mag. Es muss jetzt vor meinem inneren Bereich bestehen können. Der aber kennt andere Maßstäbe und Kriterien als mein »oberflächlicher Bereich«.

Was immer die Träume mitteilen, es trägt zu unserer Bereicherung bei. Es erweitert unser Wissen über uns selbst. Es vertieft dieses Wissen. Es geht dabei um ein Selbst-Erkennen, das ein bloßes Wissen über uns übersteigt, da es mit einem tiefen Erfahren unserer selbst, ja unseres Selbst gepaart ist. Das *erkenne dich selbst* wird erweitert um das *erkenne dein Selbst*. Zu unserem Selbst gehört der Teil von uns, der uns in der Regel nicht bewusst ist. Das aber ist der weitaus größere Teil von uns. So entspricht unser bewusstes Ich allenfalls der Spitze eines Eisberges, der aus dem Meer herausragt und von dem die restlichen 90% verborgen bleiben, es sei denn wir bemühen uns, zum Beispiel über unsere Träume, uns mehr von diesem verborgenen Teil von uns bewusst zu machen. Die Träume sind die Sprache der Seele. Sie wollen uns etwas über uns selbst sagen. Sie sind die beste Informationsquelle über uns selbst.

Träume verankern uns mit unserer Tiefe

Träume helfen uns, mit dem restlichen, riesigen Teil des Eisberges, den wir ausmachen, in Kontakt zu kommen oder zu bleiben, wenn wir uns nicht nur mit der Spitze des Eisbergs begnügen wollen, wenn wir wirklich über uns Bescheid wissen wollen. Sie lassen uns immer wieder gewahr werden, dass wir nicht nur aus der Spitze bestehen, nicht nur auf das Sichtbare reduziert werden können. Es ist nicht nur das Oberflächliche, das Äußere, was uns ausmacht. Das ist lediglich der geringste Teil von uns.

Innehalten

Stelle dir vor: Du stehst gleichsam auf einem riesigen Fundament, das dich mit dem Gestern und Morgen, mit dem Anfang und Ende, mit der Urzeit und der Ewigkeit verbindet. Dieses Fundament bist du selbst, ist dein Selbst. Je mehr dein bewusstes Ich davon gespeist und beseelt wird, bist du du selbst. Es setzt voraus, dass es zu einer wirklichen Begegnung mit dir selbst, deinem Selbst kommt. Das aber ist erst gewährleistet, wenn du mit dir als ganzem Menschen vertraut bist, dem dir Bewussten und – soweit möglich – dem dir Unbewussten. So begegnest du dir selbst, wenn deine Tiefe dir zugänglich ist, du deinen unbewussten Bereich dir vertraut machst und ihn als zu dir gehörig siehst und empfindest.

Die Träume – Eingebungen göttlichen Ursprungs

Eine Reise in meine Heimat

»Mein Leben ist am heiligsten, wenn ich morgens erwache. Oft umgibt mich eine Aura, als wären meine Träume, deren ich mich nicht entsinnen kann, göttlich gewesen, als hätte mein Geist eine Reise in seine Heimat angetreten.« Das ist die Erfahrung von Henry David Thoreau (1996, S. 79), der zwei Jahre lang fern der Zivilisation, in einer Hütte umgeben von Wäldern, lebte. Weiter meint er: »Die Eingebungen der Nacht, so scheint mir, sind göttlichen Ursprungs ...« (S. 84)

Solche Momente erlebe ich manchmal in der Frühe, direkt nach dem Aufwachen. Ich spüre dann eine tiefe innere Freude in mir, ja ein Gefühl von Glück. Es ist kein berauschendes Gefühl, es geht nichts Lautes oder Ausgelassenes davon aus. Es ist eine tiefe Ruhe, vielleicht kann man auch Ergriffenheit sagen, die ich in diesem Augenblick erlebe. Ich spüre in diesem Augenblick ganz deutlich für mich die Verbundenheit mit etwas Größerem, dem Ewigen. Die Erfahrung dieser Verbundenheit löst in mir ein unbeschreiblich schönes, friedliches und glückliches Gefühl aus.

Oft ist dieses Gefühl mit einem Traum verbunden, an den ich mich noch erinnere. Es ist dann ausgelöst worden durch den Traum, der mich in meine tiefere Welt, zugleich aber auch in die Tiefe unseres Seins und in die Welt der Ewigkeit führte. Für diese Welt gibt es unterschiedliche Erklärungen. Doch unabhängig davon, was die Tiefenpsychologie, die Mystik, der Buddhismus dazu sagen – es ist eine Welt, eine Erfahrungsquelle, die von etwas, von jemandem gespeist wird, die menschlichem Zugriff und Einfluss vorenthalten sind. Und von dieser Welt geht eine Kraft, ein Licht, ein Feuer aus, das göttlicher Natur ist.

Innehalten

Die Träume bahnen den Weg zu der göttlichen Quelle in dir. Sie bringen dich in Berührung mit der Atmosphäre, die deine göttliche Quelle umfängt. Du wachst auf und spürst noch etwas von der göttlichen Aura, in die dich deine Träume geführt haben. »Ich schlief, doch mein Herz war wach«, heißt es im Hohen Lied. (Hld 5,2) Du darfst für einige Momente – bewusst – teilhaben an innigsten Erfahrungen, die in der Tiefe deines Herzens, deiner Mitte, ihren Ursprung haben. Du begegnest dem Heiligen in dir. Es sind Erfahrungen, bei denen du dein Innerstes spürst wie einen Strom, der der göttlichen Quelle in dir entspringt und dich durchströmt. Du bist in Berührung mit deiner Seele. Du darfst die absolute Einheit mit deinem Kern, deinem

*göttlichen Ursprung für Momente erfahren. Ein Hauch des
Ewigen berührt dich in diesem Augenblick. Du bist völlig
geöffnet und sensibel für das Innerste in dir, das sich dir in
Zärtlichkeit enthüllt.*

Eine spirituelle Erfahrung

Über deine Träume bist du mit dem tieferen Bereich in
dir in Berührung. So wichtig es ist, die Träume zu deuten,
vor jeder Deutung ist allein schon die Würdigung deiner
Träume, die Offenheit für sie von unschätzbarem Wert.
Die Träume stellen eine Verbindung zu einer Welt und zu
einem Bereich her, der die Gegenwart des Jetzt in einen
größeren Kontext, in eine tiefere Erfahrungsdimension
einbettet. Die Träume vermitteln dir eine Ahnung davon,
mit etwas verbunden, mit etwas verwoben zu sein, das
deine Gegenwart und das Jetzt übersteigt. Das allein
schon ermöglicht dir eine andere Erlebnisweise. Du bist
Teil von etwas, das Jetzt und Gegenwart überschreitet. Du
fühlst regelrecht die Umfassung, die mit dieser Erlebnis-
weise einhergeht. Wenn du die Augen schließt und dir
das vorstellst, machst du die Erfahrung von Geborgenheit, von Vertrautheit, vor allem aber erfüllt dich ein tiefes Gefühl von Dankbarkeit, Zuversicht und Gelassenheit. Du erlebst dich, unabhängig von den Ereignissen
und der Situation außerhalb von dir, wie getragen und
eingebettet in eine Kraft, die dich schützend und ber-
gend umgibt.

Es ist das Verdienst deiner Träume, der Würdigung deiner Träume und deiner Wachheit für sie, dass du die Verbundenheit mit etwas Größerem erfährst. Sie gewähren dir Einblick in die Tiefenschicht deines Seins, sie bringen dich in Berührung mit den Gefühlen von Zuversicht, Zugehörigkeit und Verbundenheit, die tief in dir schlummern, sodass sie für dich und dein *bewusstes* Leben verfügbar werden.

Wenn ich diese Verbundenheit erfahren darf, wenn ich einen Blick in diese Welt werfen darf oder besser, wenn sich diese Welt mir für einen Augenblick zeigt, erlebe ich das als eine spirituelle Erfahrung. In diesem Moment weiß ich mit einer Selbstverständlichkeit um meine Verbundenheit mit Gott. Die Trennung von ihm, die Zweifel an ihm, die Erfahrung von Gottes Ferne – sie sind wie weggefegt. »Du, mein Gott, bist.« »Du bist da.« »Du bist da für mich.« Das sind die Sätze, die ich jetzt in meinem Herzen spreche. Das ist, was ich jetzt *erfahre*. Das aber ist eine unendlich schöne, zutiefst erfüllende Erfahrung.

Vierter Teil

Als ich meine Forschung einstellen musste, weil der Weg unter meinen Schritten fehlte, lag zu meinen Füßen ein bodenloser Abgrund, aus dem, ich weiß nicht woher kommend, der Strom heraufkam, den ich wirklich *mein* Leben nennen wage.

Pierre Teilhard de Chardin

In das Innerste meiner
selbst hinabsteigen

Einen Hauch von Ewigkeit erfahren

Meditation und Kontemplation stellen vorzügliche Weisen dar, mit der Welt des Ewigen in Berührung zu kommen. Im schweigenden Sitzen können wir, so Niklaus
Brantschen (2003, S. 44), »so etwas wie Zeitlosigkeit in
der Zeit erfahren ..., einen Hauch von Ewigkeit. Wir sind
geneigt zu sagen: ›Das, was ich sehe und unmittelbar
berühre, das ist die Wirklichkeit.‹ Nein. Zur Wirklichkeit
gehört auch die Erfahrung des Numinosen, dessen, was
das Begreifen übersteigt, aber dennoch durchaus wirklich ist. Und das ist Zen: die Erfahrung, dass die Welt
mehr ist als das, was ich sehen und anfassen kann.« Auch
die Feier der Eucharistie oder des Abendmahles, Beten,
das aus der Tiefe kommt und in die Tiefe führt, können
dazu beitragen, die Verbundenheit mit dem Ewigen ver-
gegenwärtigend erfahrbarer zu machen.

Wenn ich eintauche in meinen Grund und dabei bereit bin »in das Schweigen der Transzendenz hineinzu-
lauschen« und die Anwesenheit »der Transzendenz in
ihrer Tiefe zu erleben« (Pauleikhoff 1995, S. 101), komme
ich mit der Welt des Ewigen in Berührung. Ich tauche

dann ein in meine Tiefenschichten. Mein Bewusstsein wird bereichert um das Unbewusste. Beide durchdringen sich und öffnen die Tür, die mich in das Land führt, das jenseits von Bewusstsein und Unbewusstsein existiert – das Land der Ewigkeit. Gehalten vom Jetzt umfängt mich die Ewigkeit. Ich mache die Erfahrung, Teil eines Größeren zu sein, mit etwas verbunden und verwoben zu sein, das über die Erfahrung des Jetzt hinausgeht. Ich vernehme dann eine Melodie, die von einer anderen Welt zu mir herübertönt. Ich höre das Rauschen des immer fließenden Flusses der Ewigkeit. Ich darf jetzt schon eine Vorahnung des Ewigen kosten. Um die Verbundenheit mit der Ewigkeit kosten zu können, muss ich in das Reich der Ewigkeit eintreten. Das gelingt mir, wenn ich mich von allem löse, was mich umgibt, und eintrete in die Welt meiner Ewigkeit. Sehr eindrucksvoll beschreibt Teilhard de Chardin diesen Vorgang (2000, S. 71f.):

»So habe ich also, vielleicht zum ersten Mal in meinem Leben (ich, der alle Tage meditieren wollte!), die Lampe genommen, und so bin ich, den anscheinend hellen Bereich meiner alltäglichen Beschäftigungen und Beziehungen verlassend, in das Innerste meiner selbst hinabgestiegen, in den tiefen Abgrund, aus dem, das spüre ich verworren, mein Handlungsvermögen hervorgeht. Doch in dem Maße, wie ich mich von den konventionellen Evidenzen entfernte, die das soziale Leben oberflächlich erhellen, wurde ich mir darüber klar, dass ich mir selbst entglitt. Mit jeder hinabgestiegenen Stufe zeigte sich in mir eine andere Gestalt, deren genauen Namen ich nicht nennen konnte und die mir nicht mehr gehorchte. Und als ich meine Forschung einstellen musste, weil der Weg unter meinen Schritten fehlte, lag zu meinen Füßen ein bodenloser Abgrund, aus dem, ich weiß nicht woher kommend, der Strom heraufkam, den ich wirklich *mein* Leben nennen wage.«

Und so steige ich hinab in die Tiefe meiner Seele

In den Ort der Ewigkeit

In die Nacht des Lebens

Ich betrete eine Welt, ohne Anfang und Ende

Die Unterwelt

Die Höhle

Meines Seins

Ich schaue umher

Vermag kaum etwas zu sehen

Doch ich weiß mich umfasst und umfangen

Vom Ewigen

Dem Land und dem Stoff meiner Träume

Der Welt meiner Seele

Sie ist mir so nahe

Ich bin ihr Ausfluss

Ich verlängere mich um diese Tiefe

Wie ein Krater

Der in die Tiefe geht

In meine Tiefe

In meine Unendlichkeit

Ich erfahre die Ewigkeit

Ich erfahre die Einheit

Von Gestern, Heute und Morgen

Ich erfahre meine Einheit

Ich bin ganz in mir und bei mir
Ich spüre die Verbundenheit mit der Welt-Seele
Der Ewigkeit
Die ich mit allen Menschen teile
Ich spüre mich verbunden mit Gott
Ich trete ein in die Tiefe meiner Seele
Ich trete ein in meine Ewigkeit

Erst wenn ich mit meiner Tiefe in Berührung gekommen bin, bin ich offen, sensibel, empfänglich für die Welt des Ewigen. Nur um diese Tiefe zu wissen genügt nicht. Über die *Erfahrung* meiner Tiefe gelange ich in die Welt meiner Ewigkeit. Bin ich dort angekommen, bin ich an meinem Lebensfluss angekommen. Ich bin in Berührung mit meinem Lebensfluss, bin jetzt gleichsam ihm angeschlossen: dem ewigen Fließen, bei dem der Augenblick zugleich der Anfang und das Ende ist. Ich bin in eine Welt eingetaucht, die mir in mir selbst einen unendlichen Raum anbietet.

Der Raum zwischen Himmel und Erde

Es ist eine Welt, die, bin ich in ihr, beglückende Gefühle in mir auslöst. Es ist wie ein frohes, zuversichtliches Erwachen an einem Frühlingsmorgen. Es ist ein Ort, an dem ich mit Rainer Maria Rilke sagen kann: »Hier sein ist schön.« Es ist ein Ort, bei dem ich die Erfahrung stillen

Glücks und großer Ruhe und Gelassenheit machen darf. Es ist der Zwischenraum zwischen Erde und Himmel. Bin ich im Raum meiner Ewigkeit, bekomme ich jetzt schon eine Ahnung von dem, was mir im Himmel einst in noch größerem Ausmaß geschenkt wird.

Während ich das schreibe, bin ich mit dieser Dimension in Berührung. Es ist eine wunderbare Erfahrung, bei der ich mich in meinem Tiefsten spüre. Ein unendlicher Friede und eine grenzenlose Ruhe erfassen mich. Ein tiefes Gefühl von Glück und Dankbarkeit erfüllt mich. Es ist wie eine ruhige, ozeanische Ekstase, die ich in diesem Augenblick erlebe. Die Erfahrung von Ewigkeit, die mein Leben umfängt, lässt mich als schwerelos und ganz im Jetzt und Sein erfahren. Ich bin nur mein wahres Selbst. Mein Beruf, meine Rolle in der Gesellschaft, meine Religionszugehörigkeit oder was auch immer, sind in diesem Augenblick ohne Bedeutung. Ich bin nur mein reines Selbst. Ich *bin*. Ich bin im Jetzt und in der Ewigkeit. Jetzt und Ewigkeit sind eins. *Ich* bin Jetzt und Ewigkeit. Ich gehe auf im Jetzt und in der Ewigkeit und bleibe dennoch Ich, der da sitzt und schreibt, der sich konkretisiert in seinem Leib und all seinen persönlichen und gesellschaftlichen Verbindungen und Verquickungen. Ein Gefühl von Seligkeit erfüllt mich. Jetzt und Ewigkeit berühren und durchdringen meine Erfahrungswelt. Ist das der Himmel in mir? Darf ich in diesem Augenblick schon den Himmel auf Erden erfahren? Wenn das so ist, kann ich mich nur darauf freuen, am Ende meines Lebens für immer erfahren zu dürfen, was ich jetzt schon an himmlischer Ewigkeit erleben darf.

Leben in Fülle –
Leben im Jetzt und
in der Ewigkeit

Leben in Fülle erfahren

Wenn ich so im Jetzt lebe, dass ich in diesem Augenblick zugleich mit der Ewigkeit verbunden bin, erfahre ich Leben in Fülle. Ich habe lange Zeit dafür benötigt, um das zu verstehen. Ich weiß, ich kann das nicht einfach machen. Sehr oft bin ich weder im Jetzt, geschweige denn mit der Ewigkeit verbunden. Vielmehr gehe ich einem Termin nach dem anderen nach. Ich treibe umher oder fühle mich wie ein Treibholz im Meer, dem Wasser hilflos ausgesetzt. Bis ich dagegensteuere, die Verantwortung für mein Schiff übernehme, den Anker auswerfe und mich in meinem Grund verankere. Bis ich innehalte, im Augenblick verweile und in diesem Moment Ewigkeit als Umfassung, als Erweiterung meiner selbst erfahre, ich mich als Teil der Weltseele erlebe.

Manchmal, wenn es hektisch um mich herum wird, ich nervös werde oder ungeduldig reagiere, hilft es mir, mich für eine Weile in die Welt der Ewigkeit zurückzuziehen. Ich tue das dann ganz bewusst. Das ermöglicht mir, in Distanz zu treten zu dem, was mich im Moment beschäftigt oder bewegt. Ich erlebe das als wohltuend. Ich lasse mich von dem anderen nicht »auffressen«, nicht davontragen: von dem Ärger, dem Neid, der Verletzung. Nicht, dass ich mich darüber stelle. Nicht, dass ich mich hinter dem Bereich der Ewigkeit verschanze, wenngleich die Gefahr besteht. Ich bleibe in Kontakt mit meiner Außenwelt, nehme sie ernst. Ich bin zugleich aber auch in einer einzigartigen Weise in Kontakt mit mir selbst, mit meinem Selbst, und nehme mich ernst. Ich reagiere nicht nur von der Oberfläche her, die von irgendeiner Stelle getroffen worden ist, sondern von innen heraus, aus dieser Verbundenheit mit meiner Tiefenschicht. Ich sehe dann den anderen und mich. Ich würdige den anderen und mich.

Da ist die Frau, die immer schon alles vorher wusste, die nie einen Fehler macht, mit hundertprozentiger Treffsicherheit den Punkt findet, wo sie mir eine Schwäche nachweisen kann. Sie weiß zu allem etwas zu sagen, redet ständig dazwischen usw. Ich könnte platzen vor Wut. Ich könnte ihr die Lächerlichkeit und Unmöglichkeit ihres Verhaltens vorhalten. Ich kann mich aber auch für einen Moment innerlich zurückziehen, um sie reden zu lassen. Ich kann mir bewusst machen, was für ein kleines Ich sie haben muss, um sich so zu verhalten. Ich kann auf mich schauen, um wieder einmal festzustellen, wie schwer es mir fällt zu akzeptieren, dass ich nicht vollkommen bin, tatsächlich Fehler mache, und dass sie, auch wenn ich die Art und Weise, wie sie es macht, nicht gut finde, Recht hat. Ich kann mir dann sagen, wie gut, dass ich nicht perfekt bin, Fehler mache, und ich kann sie in ihrer Art lassen, ohne mich jetzt davon beeindrucken zu lassen.

Bin ich mit der Ewigkeit verbunden, erfahre ich, was ich vergeblich suche, solange ich an der Oberfläche lebe, solange ich weder im Jetzt noch im Kontakt mit dem Ewigen bin. Es ist einfach gut, zu sein. Einfach zu sein. Ich erfahre in diesen Augenblicken mein Sein, zu dem ich im Getriebe des Alltags zunehmend den Kontakt verliere. Mein Sein, das mir fremd wird, durch die Funktionen, die ich wahrnehme, ersetzt wird. Ich entrate dann meiner selbst. Es ist nicht mehr länger mein Sein, das mich bestimmt, sondern es sind meine Funktionen. Übernimmt aber wieder mein Sein die Führung, bin ich bei mir, gelingt es mir, im Jetzt und in der Ewigkeit zu leben, dann kann ich zum Augenblick sagen: Verweile doch! Du bist so schön!

Ach, könnte ich dir nur annähernd vermitteln, wie unendlich schön und erfüllend die Erfahrung ist, mit dem Ewigen verbunden zu sein. Ich wollte diese Erfahrung um nichts in der Welt tauschen. Es ist das größte Glück, die größte Seligkeit. Kein Glücksgefühl, das sich laut und heftig zeigt. Es ist ein von ganz drinnen in mir kommendes Glücksgefühl, das sich über meine Seele, mein Herz, meinen Leib ausbreitet, alles in mir durchströmt. Dieses Gefühl tritt nicht in Konkurrenz zu den Menschen, die ich liebe. Vielmehr bringt es mich diesen näher. Dieses Glücksgefühl tritt auch nicht in Konkurrenz zu anderen schönen, mich aufbauenden, erfüllenden Erfahrungen wie Anerkennung, Intimität, Zärtlichkeit, Erfolg und Hingabe. Die Erfahrung der Verbundenheit mit dem Ewigen ist eher wie eine Folie, auf der alle diese anderen Erfahrungen erst eine Grundlage und Tiefe erhalten.

Im Jetzt leben

Wenn ich mit dem Ewigen in Berührung bin, bin ich ganz präsent, bin ich ganz in der Gegenwart. Am stärksten erfahre ich das augenblicklich beim Beten oder Singen im Gottesdienst. Ich habe – glaube ich – noch nie so bewusst gebetet, das, was ich gesagt habe, tatsächlich auch so gemeint, wie ich es augenblicklich erlebe. Mir ist da etwas zugewachsen. Ich habe einen Raum betreten, den ich bisher nicht kannte, und was ich sage, kommt aus diesem Raum. Das ist ein Raum in mir. Es kommt aus einer großen Tiefe in mir. Oft schließe ich die Augen, um noch mehr in dem zu sein, was ich sage, und bekenne.

Immer mehr wird mir bewusst, dass das, was zählt, genau das ist, was jetzt ist. Das gilt auch für die Ewigkeit, die nicht erst morgen oder nach dem Tod beginnt. Sie ist jetzt schon mitten unter uns. Und es geht darum, sie in mein Jetzt zu holen, mein Jetzt um sie zu bereichern und zu vertiefen. Also nicht auf sie zu warten, sie nicht als Kontrast zum Leben, zur Gegenwart zu sehen. Vielmehr auch sie, die Ewigkeit, im Jetzt zu erfahren. Dann kann ich ganz leben. Dann kann ich in Fülle leben. Dann ist mein Leben nicht »dünn« oder oberflächlich, dann ist es voll, breit, tief und – ganz.

Ich bin da, sitze da, höre Musik, die auf die Ewigkeit hinweist, und Seligkeit ergreift mich. Ich bin mit einer Welt in Kontakt, der Welt der Ewigkeit, die mich restlos zufrieden macht und – ich kann es nur noch einmal wiederholen – mich erfüllt. Ich brauche in diesen Augenblicken nicht mehr. Ich will nicht mehr. Ich habe alles, wonach ich verlange, wonach meine Seele sich sehnt. Ich habe dann das Gefühl, als existiere in mir eine eigene Welt von einem unendlichen Ausmaß. Eine Welt, die mir – und nur mir – zur Verfügung steht. In die ich zu jeder Zeit einkehren kann. Manchmal, um dort einfach Ruhe zu finden. Ein anderes Mal, um Schutz zu finden. Dann wieder, um in die innigste Verbindung mit Gott zu treten, um mich ganz der Ewigkeit zu überlassen. Bis es an der Zeit ist, aus dieser Welt herauszutreten, freilich ohne den Kontakt zu ihr zu verlieren, um im Alltag den anstehenden Aufgaben nachzukommen oder auch das tagtägliche Leben zu gestalten und immer wieder auch zu genießen.

Die Erfahrung von Freiheit angesichts des Todes

Die Unendlichkeit des Augenblicks

Ich kann jetzt schon in Berührung kommen mit dem ewigen Leben. Ich kann mein augenblickliches Leben bewässern mit dem Wissen und dem heilenden Einfluss, der mit der Kontaktaufnahme mit der Ewigkeit verbunden sein kann. Ich kann die Ewigkeit und das ewige Leben einströmen lassen in mein augenblickliches Leben. Dadurch wird mein Leben, werde ich ganz. In mir darf leben und wirken, was ohne den Bezug zur Ewigkeit brach bliebe. Mir steht dadurch eine Welt zur Verfügung, die mich selbst um die Ewigkeit verlängert. Mein Denken, mein Fühlen, mein Handeln wird in die Dimension der Ewigkeit eingebettet. Es wird herausgeführt aus der Enge des rein Rationalen.

Ich kann ganz im Sein leben, wenn ich ganz im Heute bin. Der Gedanke, heute so zu leben, als sei es mein letzter Tag, kann mir dabei helfen. Es kann ja tatsächlich mein letzter Tag sein. In *conspectu mortis*, angesichts des Todes, wird der Blick auf das Jetzt erweitert und vertieft. Von dem Drama des Lebens, das auch als ein Aufbäumen gegen den Tod verstanden werden kann, bleibt jetzt nur noch: einfach *sein*. Sein im Jetzt. Nur darum kann es letztlich gehen. Sein im Jetzt. Das gelingt mir, wenn ich die Verbundenheit mit der Ewigkeit spüre, die Ewigkeit mein Rahmen und mein Grund ist. Auch dann werden mir die Erfahrungen von Hoffnungslosigkeit, versagte Liebe, Misserfolg, Krankheit, materielle und geistige Not nicht erspart werden. Aber – lebe ich im Jetzt, das von der Ewigkeit gespeist wird, bleibe ich offen für die grenzenlosen Möglichkeiten, die es trotz alledem für mich auch noch gibt. Ich atme ein und atme aus. Bin. Ich bin jetzt und im Ewigen. Mir eröffnet sich inmitten der Not und Verzweiflung eine Welt, die mehr ist als alles das. Die mich mitnimmt, mit sich. Sie führt mich in ein Reich, in eine Seins-Weise und Erlebnis-Weise, die mich kosten, erfahren lässt, was mir versagt bliebe, bliebe ich in den äußeren Erfahrungen hängen und stecken.

Wenn es mir gelingt, ohne Angst mein Leben vom bevorstehenden Ende her zu sehen, breche ich alle Denk- und Verhaltensmuster auf, die mich abhalten, ganz im Jetzt zu leben, die Fülle des Seins in seinen Möglichkeiten zu nutzen. Da eröffnet sich vor mir die Unendlichkeit des Augenblicks. Ich komme in Berührung mit meiner Freiheit, diesen Moment gestalten und nutzen zu können, ihn nicht als festgelegt, bestimmt, vergeben zu erleben. Nicht, was war, nicht, was vielleicht sein wird, setzt die Grenzen für meinen Spielraum. Die Grenzenlosigkeit des Seins, des Augenblicks bietet sich mir an. Ich spüre die Ewigkeit mit ihrer Unermesslichkeit, in der der Augenblick wie ein Tropfen im Meer der Zeit ist.

Innehalten

Wenn du so im Jetzt verbunden mit der Ewigkeit lebst, kommt dir eine Kraft zu, die du dir ohne diese Erfahrung der Verbundenheit mit der Ewigkeit versagen würdest. Du eröffnest dir dadurch eine Schneise zur Ewigkeit. Jetzt darfst du erfahren, was es heißt, ganz im Jetzt zu leben. Und sei jetzt nicht überrascht, wenn du hörst, dass das nichts Besonderes, nichts Einzigartiges ist. Es ist das Allereinfachste und zugleich Allerschwierigste: im Augenblick zu leben. Nur einatmen und ausatmen, freilich im Bewusstsein und der tiefen Erfahrung, dass das das Leben ist, du in diesem Augenblick das ganze Leben in dir aufnimmst. Es ist in diesem Moment, in dem du bewusst ein- und ausatmest, da, steht dir zur Verfügung. Le chaim, ruach – dein Leben, dein Geist, dein Atem, dein Feuer – alles ist da in diesem Augenblick. Für dich. Als Ausdruck deines Seins. Du bist. Du lebst. Du atmest ein und aus. Und noch einmal und immer wieder: Du lebst. Dieses Wunder zu erfahren, sich dessen immer wieder bewusst zu werden – das ist tausendmal mehr wert als der schönste Preis, die höchste Anerkennung, der dickste Geldbeutel.

Wenn ich ganz im Jetzt lebe, nur den Augenblick gelten lasse und sehe, wenn ich den Augenblick nicht zudecke durch das Vergangene oder die Angst vor dem, was kommt, ist der Augenblick frei. Es eröffnet sich mir ein freier Raum, über den ich ganz verfügen kann. Es gibt nur diesen Augenblick, diesen noch nicht benutzten und verbrauchten Moment, der die Fülle des Lebens und Seins in sich als Möglichkeit trägt.

Sich diesen Freiraum des Moments zu erhalten oder zu ermöglichen, heißt nicht, die Vergangenheit nicht länger zu würdigen oder die Zukunft auszusparen. Es heißt, sich von der Vergangenheit und der Zukunft nicht die Gegenwart nehmen lassen. Es heißt weiter, sich von dem möglichen Schweren aus der Vergangenheit und dem Angstmachenden im Blick auf die Zukunft nicht den Moment zerstören lassen, ihn damit zuzudecken und zu ersticken.

Sich von den unbegrenzten Möglichkeiten des Augenblicks ergreifen lassen

Wenn mir das bewusste Leben im Hier und Jetzt gelingt, wird vieles ablaufen wie üblich. Doch ich erlebe es anders und da und dort gestalte ich es auch anders, manchmal sogar ganz anders. Ich darf dann aber die Weite und Freiheit erfahren, die sich einstellen, wenn ich die letztlich unbegrenzten Möglichkeiten des Augenblicks, dessen, was gerade jetzt ist, erkenne und mich davon ergreifen und beflügeln lasse.

Ich befinde mich auf dem Weg zur Arbeit. Da entdecke ich an einer Bushaltestelle die Frau, die vor einigen Wochen ihren Mann, kaum 40 Jahre alt, verloren hat. Ich fahre an ihr vorbei, entschließe mich dann aber, zu wenden und zurückzufahren. Ich halte an, steige aus und gehe auf sie zu. Ich frage sie, wie es ihr geht. Wir reden über die Beerdigung ihres Mannes, die Zeit vor einem Jahr, die so erfüllt war von der Aufbruchstimmung. Ihr Mann war damals zu einer neuen Aufgabe berufen, eine neue Wohnung gerade gekauft worden. Dann von heute auf morgen die Entdeckung der tödlichen Krankheit. Bei der Beerdigungsfeier wurde das Lied gesungen: »Ich möchte, dass einer mit mir geht, der's Leben kennt, der mich versteht.« Ihr Mann hatte sich das gewünscht. Es war das Lied, das auch bei ihrer Hochzeit gesungen wurde. Die Kinder wollten, so berichtet sie mir, zwei Wochen nach dem Tod des Vaters wieder in die Schule. Immer wieder überkommt sie die Brutalität der Situation. Aber es muss weitergehen. Ich umarme sie kurz. Sie lächelt dankbar.

Diese wenigen Minuten an der Bushaltestelle erlebte ich als sehr dicht. Dicht in der Präsenz, in der sie und ich uns begegnen. Ich hatte alle Klischees, wie: »Ich kann die doch jetzt nicht mitten auf der Straße ansprechen, gar ein so direktes Gespräch mit ihr führen, ja sie sogar noch umarmen«, fallen lassen. Ich bin meinem Herzen und meiner Seele gefolgt. Ich bin umgekehrt und einfach auf sie zugegangen. Ich bin in den Raum des Jetzt getreten, dessen, was jetzt ist und jetzt gilt. Ich war einfach da. Zugleich war ich aber auch in diesem Augenblick mit der Ewigkeit verbunden. Mit ihrem Mann, der in die Ewigkeit hinübergegangen ist und der in unserem Gespräch, in der Liebe seiner Frau zu ihm, unter uns jetzt präsent war. Für wenige Minuten gab es nur sie und mich, Du und Ich, war ich ganz absorbiert von der Beziehung zu ihr, waltete das Ewige unter uns und zwischen uns. Wir waren verbunden mit dem Ewigen, durften seine Anwesenheit als tröstend und heilend erfahren. Später fielen mir folgende Worte von Martin Buber (1984, S. 192) ein:»Keine Fabrik und kein Büro ist so schöpfungsverlassen, dass nicht von Arbeitsplatz zu Arbeitsplatz, von Schreibtisch zu Schreibtisch ein geschöpflicher Blick aufleben könnte, nüchtern und brüderlich, der die Wirksamkeit der geschehenden Schöpfung verbirgt ... Und nichts ist so sehr ein Dienst an der Zwiesprache zwischen Gott und Mensch, wie solch ein unsentimentaler und unromantischer Blicktausch zwischen Menschen im Fremdraum.« Ich hatte an diesem Tag noch viele andere Begegnungen, Interviews mit dem ZDF und dem SPIEGEL, einen Vortrag in Bad Godesberg, ein Treffen mit alten Bekannten. Doch die Melodie, die mich den ganzen Tag über begleitete, die mein Herz erwärmte, die mit ihren Klängen das Jetzt erfüllte und die Verbindung mit der Ewigkeit wach hielt, war komponiert aus den Tönen der Begegnung mit jener Frau am Beginn des Tages. Eine Begegnung, bei der ich die Fülle der Gegenwart, des Jetzt erfahren und einen Vorgeschmack der Ewigkeit, ein kurzes Einbrechen des Himmels in die Gegenwart verkosten durfte. Wäre ich nicht meinem Herzen gefolgt und heute am Morgen einfach weitergefahren, mein Tag wäre um eine reiche Erfahrung ärmer gewesen.

Fünfter
Teil

Nur eine schmale Wand ist zwischen uns,

durch Zufall; denn es könnte sein:

ein Rufen deines oder meines Munds –

und sie bricht ein

ganz ohne Lärm und Laut.

Rainer Maria Rilke

Diesseits und Jenseits –
Vom Leben nach
dem Tod

Die Welt des Jenseits

In einem Scherzwort heißt es: »Metaphysik ist, wenn ein Stockblinder in einem stockdunklen Zimmer einen stockschwarzen Kater sucht, der gar nicht drinnen ist.« In ihrem Roman *Der Kranz der Engel* geht Gertrud von le Fort auf dieses Scherzwort ein, fügt aber hinzu: »Aber der Kater ist eben doch drinnen, weil jedes Diesseits von der Kraft des Jenseits lebt.«

Es gibt diese Welt des Jenseits. Ich werde diese Welt nie sehen: Ich werde sie nie anfassen können. Dennoch gibt es sie. Sie ist nach meiner Überzeugung für uns nicht weniger bedeutungsvoll als die anscheinend reale Welt, die uns umgibt, in der wir tagein, tagaus leben, arbeiten, sind. Diese Welt des Jenseits ist allemal bedeutsamer als die sogenannte virtuelle Welt des Films oder des Internets, die wir noch weniger anfassen können als die Welt des Jenseits. In der Erfahrung des Ewigen komme ich mit dieser Welt des Jenseits in Berührung. In solchen Augenblicken wird die Mauer, die zwischen uns und Gott, dem Ewigen steht, durchbrochen. Jetzt kann geschehen, was

Rainer Maria Rilke (1986, S. 201f.) mit den Worten beschreibt:

Du, Nachbar Gott, wenn ich dich manches Mal
in langer Nacht mit hartem Klopfen störe, –
so ists, weil ich dich selten atmen höre
und weiß: Du bist allein im Saal.
Und wenn du etwas brauchst, ist keiner da,
um deinem Tasten einen Trank zu reichen:
Ich horche immer. Gib ein kleines Zeichen.
Ich bin ganz nah.

Nur eine schmale Wand ist zwischen uns,
durch Zufall; denn es könnte sein:
ein Rufen deines oder meines Munds –
und sie bricht ein
ganz ohne Lärm und Laut.

Den Mythen der Seele ein aufmerksames Ohr leihen

In den Werken von C.G. Jung spiegelt sich immer wieder
die Auseinandersetzung, »eine Antwort auf die Frage
nach dem Zusammenspiel im ›Diesseits‹ und ›Jenseits‹ zu
geben« (Jung 1997, S. 302). Das bezieht die Frage über
ein Leben nach dem Tode ein. Jung ist sich bewusst, dass

er nicht mehr tun kann, als Geschichten darüber zu erzählen. Er leiht, wie er schreibt, »den wunderlichen Mythen der Seele ein aufmerksames Ohr«. (S. 303) Er weiß, für »den Verstand ist das *mythologein* eine sterile Spekulation, für das Gemüt aber bedeutet es eine heilende Lebenstätigkeit; sie verleiht dem Dasein einen Glanz, welchen man nicht missen möchte«. (S. 303)

Es sind die Träume und mythischen Überlieferungen, es sind Andeutungen des Unbewussten – in Form von synchronistischen Phänomenen, Wachträumen und Vorahnungen –, die uns Hinweise über ein Leben nach dem Tod geben können, wenn wir bereit sind, sie als solche Informationsquellen ernst zu nehmen. Ich werde dafür offen sein, wenn ich in solchen Informationen eine Bereicherung für mein Leben erkenne und erfahre. »Wer das nicht tut, hat etwas verloren. Denn was als Fragendes an ihn herantritt, ist uraltes Erbgut der Menschheit, ein Archetypus, reich an geheimem Leben, das sich dem unsrigen hinzufügen möchte, um es ganz zu machen.« (S. 305)

Die Seele schafft die Beziehung zum Unbewussten, das, so C.G. Jung (1997, S. 198), dem mythischen Totenland, dem Land der Ahnen, entspricht. »Im ›Totenland‹ bewirkt die Seele eine geheime Belebung und gibt ... den ›Toten‹ die Möglichkeit, sich zu manifestieren.« (S. 195) Glaubt man C.G. Jung, kehren die Toten über die Träume Lebender ab und zu aus unterschiedlichen Gründen in die Welt des Diesseits zurück. So berichtet Jung (S. 317f.) von einem Traum, in dem ihm kurz vor dem Tod seiner Mutter sein Vater begegnet und ihn »nach den neuesten Einsichten und Erkenntnissen« über Eheprobleme befragt. Die Ehe seiner Eltern war, wie er bemerkt, »kein glückhaftes Einvernehmen, sondern eine durch viele Schwierigkeiten belastete Geduldsprobe«. In seinem zeitlosen Zustand – in der Welt der Ewigkeit – hatte sein Vater, so deutet C.G. Jung den Traum, »offensichtlich keine besseren Einsichten erworben und musste sich deshalb an den Lebenden wenden, der unter veränderten Zeitumständen einige neue Gesichtspunkte hatte gewinnen können«.

Ich kann dadurch ein Leben nach dem Tode nicht beweisen. Ich kann aber anhand der mir vorliegenden Mythen und Erfahrungen mich dieser Welt des Ewigen, ja des ewigen Lebens öffnen und diese Welt in mein gegenwärtiges Leben mit einbeziehen und hineinwirken lassen. Das Unbewusste weiß mehr als unser Bewusstsein. Es »ist ein Wissen besonderer Art, ein Wissen der Ewigkeit« (S. 314), das es für das Hier und Jetzt fruchtbar zu machen gilt. Da dieses Wissen der Ewigkeit aber nicht über unsere Verstandessprache vermittelbar ist, bedarf es dazu der Deutung, zum Beispiel von Trauminhalten, der Erweiterung und Vertiefung eines Traumbildes durch Assoziationen und das Aufzeigen von Parallelen aus der menschlichen Symbol- und Geistesgeschichte.

Der Tod: Furchtbare Brutalität und freudiges Ereignis

C.G. Jung (1997) beschönigt nicht den Tod, versteht es aber auch, die positive Erfahrung, die mit ihm einhergehen kann, darzustellen, wenn er schreibt:

»Der Tod ist ja auch eine furchtbare Brutalität – darüber darf man sich nicht täuschen – nicht nur als physisches Geschehen, sondern vielmehr noch als psychisches: Ein Mensch wird weggerissen, und was bleibt, ist eisige Totenstille. Keine Hoffnung besteht mehr auf irgendeinen Zusammenhang, denn alle Brücken sind abgebrochen ... Die Brutalität und Willkürlichkeit des Todes können die Menschen so verbittern, dass sie daraus schließen, es gebe keinen barmherzigen Gott, keine Gerechtigkeit und keine Güte.

Unter einem anderen Gesichtspunkt aber erscheint der Tod als ein freudiges Geschehen. Sub specie aeternitatis ist er eine Hochzeit, ein *Mysterium Conjunctionis*. Die Seele erreicht sozusagen die ihr fehlende Hälfte, sie erlangt Ganzheit.« (S. 317)

Im Tod gehen wir ganz in den Bereich über – die Welt der Ewigkeit –, in den wir zu Lebzeiten durch unsere Träume oder »ähnliche Spontanmanifestationen des Unbewussten« verschwommen einen Blick werfen dürfen. Jetzt fällt die Mauer, die zwischen Bewusstem und Unbewusstem steht. Wir müssen uns nicht länger anstrengen, mit dieser Welt in Berührung zu kommen, sie wenigstens bruchstückhaft in unser bewusstes Leben hineinwirken zu lassen.

Einmal gehst du ganz über in die Ewigkeit. Solange du in Berührung und in Kontakt bist mit der Ewigkeit, hast du keine Angst vor dem Tod. Es geht dir dann wie Henri David Thoreau (in: Schaup 1996, S. 286f.), von dem seine Schwester Sophia erzählt:

»Der Gedanke an den Tod, sagte er, könne ihn in keiner Weise ängstigen. Seine Gedanken hatten ihm sein ganzes Leben beigestanden, und so war es noch immer. Während seiner langen Krankheit brachte er nie, auch nicht mit einer einzigen Silbe den Wunsch zum Ausdruck, dass er bei uns bleiben wollte. Seine vollkommene Zufriedenheit war ein Wunder. Keiner seiner Freunde schien sich darüber im Klaren zu sein, dass er todkrank war, so lebendig und fröhlich schien er. Als ein Freund ihn trösten wollte und sagte: ›Nun, Mr. Thoreau, wir müssen alle einmal dahingehen‹, erwiderte Henry: ›Als ich noch klein war, begriff ich, dass ich sterben muss, und das merkte ich mir, und daher kann mich das jetzt nicht erschüttern. Der Tod ist Ihnen so nah wie mir.‹«

Jetzt und Ewigkeit – Leben und Tod durchdringen sich

Die ewige Strömung reißt durch beide Bereiche

»Wie soll das Ewige beim Zeitlichen bleiben, da sich doch das eine Zeitliche mit dem anderen nicht verträgt«, meint der Mystiker Heinrich Seuse (1968, S. 48). Diese Worte geben mir zu denken. Ich glaube nicht, dass das Jetzt und das Ewige zwei sich ausschließende Dimensionen und Erfahrungsweisen sind, die sich feindlich gegenüberstehen. Sie können Arm in Arm miteinander gehen, können sich gegenseitig bereichern. Sie bleiben in sich unterschiedliche Erlebnisweisen, doch es gibt Berührungspunkte zwischen ihnen.

Ich bin davon überzeugt, dass das Ewige in das Zeitliche hineinwirken kann, dass ich das Ewige schmecken, erahnen kann. Freilich bleibt es bei diesem Schmecken und Erahnen. Es ist und bleibt eine andere »Welt«. Die Welt der Ewigkeit und des Ewigen werde ich erst schauen, wenn ich ganz in der Welt des Ewigen bin. Diese Welt ist jetzt unverfügbar, unerreichbar. Allein es gibt einige undichte Stellen zwischen dem Jetzt und der

Ewigkeit, die es gestatten, dass das Ewige in das Jetzt hineinwirkt und das Jetzt durchstrahlt. Rainer Maria Rilke (in: Betz 2001, S. 113) zählt zu den Dichtern, die es verstehen, den schroffen Gegensatz hier Leben, dort Totsein zu überwinden, indem er das, was sie verbindet, erspürt und durch seine Worte eine Ahnung von dem vermittelt, was dieses Verbindende ist. So auch in diesem Gedicht:

> Und das Totsein ist mühsam
> und voller Nachholn, dass man allmählich ein wenig
> Ewigkeit spürt. – Aber Lebendige machen
> alle die Fehler, dass sie zu stark unterscheiden.
> Engel (sagt man) wüssten oft nicht, ob sie unter
> Lebenden gehn oder Toten. Die ewige Strömung
> reißt durch beide Bereiche alle Alter
> immer mit sich und übertönt sie in beiden.

Ich lebe im Jetzt und in der Ewigkeit, wenn ich spüre, wie Jetzt und Ewigkeit sich durchdringen, ich offen und sensibel dafür bin, die Übergänge vom Jetzt zum Ewigen und vom Ewigen zum Jetzt zu »sehen«, zu erahnen, zu fühlen. Ich bin dann transparent, sodass durch mich die ewige Strömung fließen kann. Diese Durchlässigkeit nicht zu verlieren, ja zu steigern, ist eine wichtige Aufgabe, der ich mich jeden Tag stellen muss. Wer jemals erfahren hat, wie bereichernd, wie tief erfüllend die Erfahrungen sind, wie nährend und tragend, wenn die Ewigkeit in das eigene Jetzt hineinfließt, wird dafür keine Mühe scheuen. Ihn wird die Zeit nie reuen, die er aufbringt, um von sich fern zu halten, was dazu beitragen kann, diese Offenheit zu verlieren, gar unfähig dafür zu werden.

Ich bin immer wieder verblüfft, wenn ich unmittelbar nach oder während eines Traumes mitten in der Nacht erwache und regelrecht mitverfolgen kann, wie ich in einem Bruchteil von Sekunden aus dem Zustand des Unbewussten in den bewussten Zustand gelange. Ich kann es gar nicht genau beschreiben. Es ist, wie wenn ich durch eine tiefe Schicht jage. Das heißt, es »fühlt« sich eher wie verschiedene Schichten an, die ich zu überwinden habe, und ich »spüre« deutlich den Übergang von der einen Schicht zur anderen. Die Schicht, die zwischen dem Unbewussten und dem Bewussten liegt, muss zum einen sehr dick sein, zugleich aber ist sie auch durchlässig. Den Übergang vom Unbewussten ins Bewusste erfahre ich vor allem in Zeiten, in denen ich innerlich sehr aufgewühlt bin, in denen mich etwas beschäftigt, was zutiefst mit mir zu tun hat. Meine beunruhigte Seele lässt sich dann nicht länger zurückhalten, sondern bricht sich eine Bahn, um mir über einen Traum ihre Botschaft zu vermitteln.

Ich bin noch ganz mitgenommen von einem Erlebnis der Nacht, als ich jäh aufwachte und gleichsam vom Unbewussten überschwemmt wurde. Gefühle, die offensichtlich vorher tief unten in mir abgelagert waren, sind nach oben gelangt. Es sind keine angenehmen Gefühle. Sie sind durchtränkt von Angst, Trauer, fast Verzweiflung. Sie tun weh, fühlen sich an, wie wenn man wund ist, sich verletzt hat. Ich frage mich: Zeigt sich zu viel vom Innersten oder meldet es sich zu stürmisch, die sonst übliche Behutsamkeit missachtend? Geschieht der Übergang vom Unbewussten zum Bewussten zu schnell? Da gilt es doch auch eine »riesige Strecke« zu durcheilen, um von der Welt des Unbewussten, der Welt der Ewigkeit, in die Welt des Bewusstseins, des Hier und Jetzt zu gelangen. Das aber, das fasziniert mich auch an diesem ganzen Geschehen: die Vorstellung, jetzt schon in die Welt der Ewigkeit schauen zu können, im Schlaf in eine Tiefe zu gelangen, die mir den Zugang zur Ewigkeit ermöglicht. An die Welt angeschlossen zu werden, die immer schon war und immer sein wird, aus der ich komme und in die ich zurückkehre, mit der ich durch das Hier und Jetzt verbunden bin.

Carl Gustav Jung umschreibt einmal Psychologie als Berührung der Seele. Ein Erahnen des Ewigen, einen Geschmack davon erhalte ich nur, wenn ich mit meinem Innersten, mit meiner Seele in Berührung komme. Das Jetzt vermag ich aufzubrechen, wenn ich in den Bereich meiner Seele einbreche, mich ihr überlasse und mich von ihr in den Bereich der Ewigkeit führen lasse. Faszinierend dabei ist, dass ich jetzt schon mitten im Leben mit dem Reich des Ewigen, das im Tod meine Heimat sein wird, in Kontakt treten kann. Dieses Reich jetzt schon in mein Jetzt, in meine so genannte irdische Wirklichkeit hineinwirkt. Umgekehrt aber auch die Toten über unsere Träume in das Reich des Jetzt, der Gegenwart zurückkehren können. Am 31. Dezember schreibt Rainer Maria Rilke (in: Betz 2001, S. 114): »Was ist Leben und Tod ungeheuer, wenn man nicht beide in einem sieht und fast nicht unterscheidet. Aber das ist ja eben die Sache der Engel,

das zu tun, nicht unsere, oder doch unsrig nur ausnahms-
weise, für langsam erschmerzte Augenblicke.«

Für das Ewige durchlässig sein

Solange oder sofern wir durchlässig bleiben, Jetzt und
Ewigkeit in einem zu erfahren, immer wieder dazu in
der Lage sind, bleibt unser Leben weit und reich. Es
verlängert, vertieft und erhöht sich um die Dimension
des Ewigen. Wir sehen weiter und tiefer. Wir fühlen
uns verbunden mit einer Welt von unendlicher Tiefe und
Weite. Wir erleben uns als Teil des ewigen Stromes,
der durch uns fließt und von dem wir zugleich ein Teil
sind. Wir machen die Erfahrung, Teil eines Größeren
zu sein.

Ich wandere entlang eines Strands an der Nordsee.
Ich schließe zwischendurch die Augen und lausche dem
Plätschern der anbrandenden Wellen. Es klingt wie eine
Melodie aus der Ewigkeit. Ich spüre meine Sehnsucht
nach der Ewigkeit, die Sehnsucht nach ewigem Frieden,
nach Auflösung aller Spannung. Für einen Augenblick
möchte ich mich einfach dieser Sehnsucht überlassen,
mich der Ewigkeit überlassen. Doch ich spüre zugleich
mich. Ich nehme den Boden unter mir wahr. Ich nehme
mich wahr, die Menschen neben mir. Es ist gut, mich zu
spüren, im Jetzt zu sein, mich, meinen Körper zu spüren,
meine Zuneigung und Liebe zu den Menschen, die mich

begleiten, zu erfahren. So lebe ich mit beidem – meiner Sehnsucht nach der Ewigkeit und meinem Dasein im Jetzt. Manchmal lassen sie sich miteinander verbinden, erfahre ich beide als eins. Dann wieder erlebe ich sie als voneinander getrennt, nebeneinander existierend. Ich erlebe *mich* als geteilt, als halbiert. Mit dem einen Teil bin ich im Jetzt, mit dem anderen in der Ewigkeit. Das kann ich nur schwer aushalten. Die beiden Teile reiben sich aneinander auf, bekriegen sich, sehen sich als unversöhnbare Gegensätze. Ich kann wenig dafür tun, um sie zu versöhnen. Ich kann nur warten, bis sie von selbst zueinander finden, sich gegenseitig durchdringen und ich mich dann ganz, stimmig erlebe. Also harre ich aus, warte ich und vertraue darauf, dass das Aushalten der unangenehmen Gefühle, die von diesem inneren Kampf ausgehen, Voraussetzung dafür ist, dass die Versöhnung beider Seiten miteinander stattfinden kann. Manches muss geerdet, anderes erhöht werden. Platz muss bereitet, Raum geschaffen werden, damit das geschehen kann. Ich bin immer noch am Strand. In einiger Entfernung sehe ich das Meer, wie es im Nirgendwo verschwindet. So ist auch die Ewigkeit einmal näher, dann wieder weiter weggerückt von meinem Bewusstsein und Empfinden. Doch, sie ist ständig da.

Innehalten

Die Ewigkeit steht neben dir. Das muss dich nicht ängstigen. Das kann dich vielmehr trösten und stärken. Sie umfängt dich, legt sich manchmal mehr, manchmal weniger spürbar über dich. Sie ist wie ein Schutzmantel, der dich behütet. Sie ist wie ein Segen, der über dir wacht und dich begleitet. Sie ist unter, über und neben dir. Sie ist außerhalb von dir und in dir. Du bist außerhalb von ihr und in ihr.

Die Frage nach dem
ewigen Leben

Jetzt schon eine Ahnung vom
ewigen Leben erhalten

Dorothee Sölle (2003) schreibt:»Ich glaube an das ewige Leben. Es geht weiter. Ich bin dann ein Tropfen in diesem Meer ...« Das ewige Leben, das uns vom christlichen Glauben zugesagt wird, beginnt für mich jetzt schon. Zumindest erhalte ich jetzt schon immer wieder eine Ahnung davon.

Das ewige Leben, von dem wir jetzt schon immer wieder eine Ahnung bekommen können, gibt die Folie für das augenblickliche Leben ab. Wenn ich von diesem ewigen Leben eine Ahnung bekomme, ist das wie ein Rauschen in der Ferne, das aus meinem Innersten kommt. Ich bin jetzt schon Teil dieses ewigen Lebens und es geht zunächst einmal darum, in diesem Bewusstsein dieses augenblickliche Leben ganz zu leben. Die Erfahrung der Verbundenheit mit dem ewigen Leben soll zur Bereicherung meines jetzigen Lebens beitragen. Mein ewiges Leben soll in meinem augenblicklichen Leben Ausdruck finden. Für mich heißt das: nicht erst auf das Leben nach dem Tod zu warten – das ewige Leben. Vielmehr das ewige Leben, *mein* ewiges Leben für mein jetziges Leben fruchtbar zu machen.

Auch für den Theologen Joseph Ratzinger (1994, S. 128ff.), den jetzigen Papst Benedikt XVI., ist das ewige Leben »mitten in der Zeit da, wo uns das Aug' in Aug' mit Gott gelingt; es kann durch das Hinschauen auf den lebendigen Gott so etwas wie der feste Grund unserer Seele werden. Wie eine große Liebe kann es uns durch keine Wechselfälle mehr abgenommen werden, sondern ist unsere unzerstörbare Mitte, aus der Mut und die Freude des Weitergehens kommen, auch wenn die äußeren Dinge schmerzlich und schwer sind«.

Das ewige Leben ist mitten in der Zeit da, wenn ich versuche, über meine Träume mit ihm in Kontakt zu kommen, in Berührung zu bleiben und seine Signale und Botschaften über meine Träume für mein bewusstes Leben zu deuten. Ich komme weiter in Berührung mit meinem ewigen Leben, wenn ich mich im Gebet dem Ewigen überlasse, damit eintauche in die Welt der Ewigkeit, sie mich umfängt. Ich komme dabei mit meiner eigenen Ewigkeit in Berührung. Ähnliches kann geschehen, wenn ich mich in der Meditation und Kontemplation in meine Tiefe hinab versenke und in den Frieden, der mit der Erfahrung des Ewigen einhergeht. Um schließlich irgendwann wieder ganz in das jetzige, bewusste Leben zurückzukehren. Dieses bewusste Leben verlasse ich ja zu keinem Augenblick. Ich erweitere es um die Ahnung des ewigen Lebens, indem ich wie durch ein Fenster einen Blick in die Ewigkeit werfe und ihr Rauschen stärker als sonst vernehme.

Die radikale Unbegreiflichkeit,
was ewiges Leben meint

Bei einem seiner letzten öffentlichen Auftritte, kurz vor
seinem Tode, geht der große Theologe Karl Rahner
(1994) auf Vorstellungen über das ewige Leben ein:

»Wenn wir als Christen das ewige Leben bekennen,
das uns zuteil werden soll, ist diese Erwartung des Kommenden zunächst keine besonders seltsame Sache. Gewöhnlich spricht man ja mit einem gewissen salbungs-
vollen Pathos über die Hoffnung des ewigen Lebens und
fern sei mir, so etwas zu tadeln, wenn es ehrlich gemeint
ist. Aber mich selber überkommt es seltsam, wenn ich so
reden höre. Mir will scheinen, dass die Vorstellungssche-
men, mit denen man das ewige Leben zu verdeutlichen
versucht, meist wenig zu der radikalen Zäsur passen, die
doch mit dem Tod gegeben ist. Man denkt sich das ewige
Leben, das man schon seltsam als ›jenseitig‹ und ›nach‹
dem Tod weitergehend bezeichnet, zu sehr ausstaffiert
mit Wirklichkeiten, die uns hier vertraut sind, als Weiter-
leben, als Begegnung mit denen, die uns hier nahe waren, als Freude und Friede, als Gastmahl und Jubel und
all das und Ähnliches, als nie aufhörend und weitergehend. Ich fürchte, die radikale Unbegreiflichkeit dessen,
was mit dem ewigen Leben wirklich gemeint ist, wird
verharmlost und was wir unmittelbare Gottesschau in
diesem ewigen Leben nennen, wird herabgestuft zu
einer erfreulichen Beschäftigung neben anderen, die
dieses Leben erfüllen; die unsagbare Ungeheuerlichkeit,
dass die absolute Gottheit selber nackt und bloß in unsere enge Kreatürlichkeit hineinstürzt, wird nicht echt

wahrgenommen. Ich gestehe, dass es mir eine quälende, nicht bewältigte Aufgabe des Theologen von heute zu sein scheint, ein besseres Vorstellungsmodell für dieses ewige Leben zu entdecken, das diese genannten Verharmlosungen von vorneherein ausschließt. Aber wie? Aber wie? Wenn die Engel des Todes all den nichtigen Müll, den wir unsere Geschichte nennen, aus den Räumen unseres Geistes hinausgeschafft haben ..., wenn alle Sterne, unsere Ideale, mit denen wir selber aus eigener Anmaßung den Himmel unserer Existenz drapiert haben, verglüht und erloschen sind, wenn der Tod eine ungeheuerlich schweigende Leere errichtet hat und wir diese glaubend und hoffend als unser wahres Wesen schweigend angenommen haben, wenn dann unser bisheriges noch so langes Leben nur als eine einzige kurze Explosion unserer Freiheit erscheint, die uns wie in Zeitlupe gedehnt vorkam, eine Explosion ..., in der sich Zeit in Ewigkeit ... umsetzte, und wenn sich dann in einem ungeheuren Schrecken eines unsagbaren Jubels zeigt, dass diese ungeheure schweigende Leere, die wir als Tod empfinden, in Wahrheit erfüllt ist von dem Urgeheimnis, das wir Gott nennen, von seinem reinen Licht und seiner alles nehmenden und alles schenkenden Liebe, und wenn uns dann auch noch aus diesem weiselosen Geheimnis doch das Antlitz Jesu, des Gebenedeiten erscheint und uns anblickt, und diese Konkretheit die *göttliche Überbietung* all unserer wahren Annahme der Unbegreiflichkeit des weiselosen Gottes ist, dann, dann so ungefähr möchte ich nicht eigentlich beschreiben, was kommt, aber doch stammelnd andeuten, wie einer vorläufig das Kommende erwarten kann, indem er den

Untergang des Todes selber schon als Aufgang dessen erfährt, was kommt. 80 Jahre sind eine lange Zeit. Für jeden aber ist die Lebenszeit, die ihm zugemessen ist, der kurze Augenblick, in dem wird, was sein soll.«

Mir gefällt die Zurückhaltung von Karl Rahner, wenn er vom ewigen Leben spricht. Oder wenn er auf die radikale Zäsur hinweist, die mit unserem Tod einhergeht. Auch kenne ich die Gefahr, mit dem Hinweis auf oder aber mit dem Glauben an das ewige Leben das Augenblickliche, das begrenzte Leben hier und heute in seiner Bedeutung zu mindern oder gar nicht ernst genug zu nehmen.

Auch wenn ein Vorgeschmack des ewigen Lebens angenehm sein mag, wird es in der Tat eine große und mitunter schreckliche Zäsur bedeuten, wenn der Vorhang der Bühne, auf dem unser bewusstes Leben spielt, fällt, das Spiel zu Ende ist, alles, was uns in unserem bewussten Leben lieb und bedeutsam war, mit einem Schlag zu Ende geht. Es ist der endgültige Abschluss von etwas, was war. Es ist das Ende von der Erfahrung, von Liebe – der wohl furchtbarste Verlust –, von Anerkennung, Spannung und Entspannung, Freude, aber auch das Ende von Schmerz.

In einem seiner letzten Interviews meint der Alttestamentler Alfons Deissler (2005, S. 21): »Eines Tages wird mein Lebensweg an einer Mauer angekommen sein und ich warte, über die Mauer gehoben zu werden. Ich habe den sehnlichen Wunsch, dass mir dann, wenn ich Adieu sagen muss, alle Liebe, die ich erfahren habe, und alle Offenbarung Gottes in meinem Leben gegenwärtig sind.« Auf die Frage, was hinter der Mauer sei, antwortet

Alfons Deissler, dass das nicht in Worten zu erfassen sei: »Gott, Christus von Angesicht zu Angesicht treffen, Shalom in seiner ganzen Fülle, vereint mit lieben Menschen ...« Wir wissen nicht, ob es ein Leben nach dem Tode gibt, geschweige denn, wie es aussieht. Wir kennen aber die Sehnsucht, »den Blick Gottes nicht verlieren zu wollen, weil er unser Leben ist«. (Joseph Ratzinger) Von dieser Sehnsucht können wir uns leiten lassen, wenn wir einstimmen in den Hymnus, den die Mönche von Münsterschwarzach in ihrer Mittagshore beten:

Du aller Dinge Kraft und Grund,
der unbewegt stets in sich ruht,
du ordnest weise Zeit und Tag,
lässt Licht erscheinen und vergehn.

Bis unser Tag zur Neige geht,
erhalte gnädig uns dein Licht;
dann öffne uns ein heil'ger Tod
das Tor zur sel'gen Ewigkeit.

Vergangenheit, Gegenwart, Zukunft – nur noch eines

Vor einiger Zeit besuchte ich Rainer Maria Rilkes Grab in Raron. Er hat sich einen wunderschönen Ort ausgesucht, hoch über dem Rhonetal gelegen. Hier ist es gut sein. Hier kann man endlich ankommen. Auf seinem Grabstein stehen die Worte:

> Rose, oh reiner Widerspruch,
> Lust,
> Niemandes Schlaf zu sein
> unter so viel Lidern.

Leben und Tod. Rose und Lust, Alleinsein inmitten so vieler, die da ruhen. Lust und Vergänglichkeit, Wehmut angesichts der Ewigkeit, Trostsuche im Klammern an die Ewigkeit? Heiligkeit als Erfahrung von Ewigkeit im Übergang von Leben und Tod, von Werden und Sein. Heiligkeit als Erfahrung von Ewigkeit im Sein, wenn die Zeit stehen bleibt, Vergangenheit, Gegenwart und Zukunft nur noch eins sind.

> Dem
> Was ich nicht sehe
> Nachspüren
> Am Grab von Rilke
> Stehen
> Einfach da sein

Bereit sein
Berührt zu werden
Von dem Sein

Es gibt eine Wirklichkeit
Die ich »erfasse«
Wenn ich innehalte und
Wach
Dem lausche
Was sich in mir regt

Es ist mein Seins-Grund
Der sich meldet
Wenn ich an diesem Ort
Entspannt mich öffne und
In diesem Augenblick
Wirklichkeit
Wird

Von diesem Seinsgrund, der Welt des Ewigen sagt Rainer
Maria Rilke (in: Betz 2001, S. 69): »So ausgedehnt das
›Außen‹ ist, es verträgt mit allen seinen siderischen Dis-
tanzen kaum einen Vergleich mit den Dimensionen, mit
der Tiefendimension unseres Inneren, das nicht einmal
die Geräumigkeit des Weltalls nötig hat, um in sich fast
unabsehlich zu sein.«

Sechster
Teil

Ich glaube an die Ewigkeit Gottes, die
in unsere Zeit, in meine Zeit hineinge-
kommen ist. Unter dem ermüdenden Auf
und Ab der Zeit wächst schon heimlich
das Leben, das keinen Tod mehr kennt.
Es ist schon da, es ist schon in mir, eben
dadurch, dass ich glaube.

Karl Rahner

Sich über die religiöse Welt an die Welt des Ewigen anschließen

Momente, in denen beim Beten uns die Ewigkeit berührt

In einer religiösen Welt leben, kann auch heißen, über die religiöse Welt mit der Welt des Ewigen verbunden zu sein. So kann ich über das innere Vergegenwärtigen eines Psalmwortes oder das innere Singen eines Taizé-Liedes mit *der* Welt in Berührung kommen und sein, in die sie mich hineinführen möchte, mit der sie mich verbinden möchte. Ich bin dann mitten im Leben, mitten im Alltag eingetaucht in eine Welt, die meine gegenwärtige Welt umfasst. Ich bin verbunden, *erlebe* mich verbunden mit einer tieferen Welt. Diese tiefere Welt umgibt mich wie ein Kokon. Ich erlebe das nicht als Einschränkung, die mich davon abhält, mich zu entfalten und zu bewegen. Ich erlebe das als Schutz, als wohltuende Umfassung.

Besonders deutlich wurde mir das nach einem längeren Aufenthalt in Taizé. Dort lebte ich in einem Haus der Stille und nahm regelmäßig an den Gebetszeiten in der Kirche teil. Nach dieser Zeit spürte ich wie kaum zuvor die Verbundenheit mit dem Bereich des Ewigen. Mehr als sonst hatte ich während meines Aufenthaltes dieses Reich des Ewigen in mir gewürdigt. Das Eintauchen in die Gesänge, das Schweigen, der Kontakt zur Natur – das alles trug dazu bei. Alles, was mich sonst beeinflusst und in mich eindringt, wie Fernsehen, familiärer und beruflicher Alltag, traten nicht in Konkurrenz zu dem Bereich in mir, der mich sensibel sein lässt für das Ewige. Der Gründer von Taizé, Roger Schütz, schreibt, es gibt Momente, da berührt uns beim Beten die Ewigkeit. Manchmal können wir das erst danach erkennen. Wir können dann sagen: »Er war da.«

Hier in Taizé bin ich umgeben von einer Atmosphäre, die dazu beitragen möchte, mit DEM EWIGEN in Berührung zu kommen. Die Seele soll hier berührt werden. Das gilt zumindest für die Gebetszeiten, das Eintauchen in die Gesänge, das Schweigen im Halbdunkel der Kirche, das innere Verweilen ohne Erwartung; verharrend im Offensein für das Ewige und DEN EWIGEN. Das ganze Drumherum von Taizé, die riesigen Parkanlagen, die schlichte Infrastruktur, die straffe, doch menschlich-freundliche Organisation, die wichtig sind, wenn Hunderte und Tausende von Menschen an einem Ort für mehrere Tage zusammenkommen, alles das könnte davon abhalten, mit der Seele in Berührung zu kommen, am Äußeren hängen zu bleiben. Doch wer bereit ist, sich zunehmend in den Gesängen und der Atmosphäre im Heiligtum von Taizé mitnehmen zu lassen, dessen Seele wird berührt werden. Er öffnet seine Seele und sein *Confite-mini* oder *Laudate* wird ihn im herzhaften Singen der meditativen Melodie immer mehr einfach davontragen, dahin, wo das Innerste seines Herzens und seiner Seele hinstrebt. Er wird den Hauch des Ewigen verspüren, das wie ein Säuseln des Windes an sein Ohr dringt und ihn zärtlich berührt.

Durch die Berührung die Seele verstehen

»Keiner weint über verlogenes Gerede von der Ewigkeit und dem Licht, das die Dunkelheit besiegt«, lässt der Krimi-Autor Henning Mankell eine Mitarbeiterin von Kommissar Wallander sagen, die dessen Entwurf einer Rede für einen toten Kollegen lobt. Es besteht ein großer Unterschied, ob ich billig, vielleicht floskelhaft von der Ewigkeit und dem ewigen Leben spreche oder selbst die Erfahrung mache: Jetzt, in diesem Augenblick, bin ich mit dem Ewigen in Berührung. Der Tiefenpsychologe C.G. Jung (1971, S. 338) sagt an die Adresse von Theologen gerichtet, dass es eine vergebliche Mühe sei, das Licht zu beweisen. Vielmehr gehe es darum, das Licht zu sehen, Menschen zu helfen, dass sie sehen können. Wie das ohne Berührung der Seele möglich sei, wüsste er freilich nicht. »Im religiösen Sinne kann man bekanntlich nichts verstehen, was man nicht innerlich erfahren hat.«

Wer Erfahrungen macht, wie ich sie in Taizé machen durfte, dem muss man nicht von der Ewigkeit und dem Licht, das die Dunkelheit besiegt, vorlügen. Er kennt die Ewigkeit, hat zumindest eine Ahnung davon. Er weiß um das Licht, das ihm in der Dunkelheit leuchtet. Er und sie wissen von der Dunkelheit, die nicht weniger als das Licht zu ihrem Leben gehört. In der Erfahrung des Ewigen wird für sie hell, leuchtet etwas auf, was bisher dunkel, unsichtbar, un-erfahren und somit für ihr Leben nicht nutzbar war. Jetzt ist der Horizont ihres Lebens heller, sehen sie weiter, vor allem aber tiefer.

Vom vergeblichen Versuch, Ewigkeit äußerlich fassen zu können

Vor fast 30 Jahren besuchte ich Schilo in Israel, den Ort, an dem die Bundeslade aufbewahrt wurde. Damals machte ich mir Gedanken über die Vergänglichkeit. Wenn ich heute in Cluny vor den kümmerlichen Resten der einst größten Kirche des Abendlandes stehe, kommen mir ähnliche Gedanken. Doch so tief wie damals bewegt mich die Konfrontation mit der Vergänglichkeit nicht mehr. Was mich bewegt – oder besser –, was mir durch den Kopf schießt, ist: Schilo, Cluny, Rom – sie sind nur kurze Aufzuckungen *in conspectu aeternitatis*. Aus dem Blickwinkel der Ewigkeit sind sie wie ein Tropfen im Meer. O ja, ich weiß. Ich darf nicht zu sehr relativieren. Für diese Zeit oder auch für unsere Zeit stellen sie eine konkrete Wirklichkeit dar, die den Alltag, das konkrete Leben stark mitbestimmten und mitbestimmen. Doch – und das ist für mich der entscheidende Punkt – sie stellen den oft und letztlich immer vergeblichen Versuch dar, Ewigkeit äußerlich, fassbar, darstellen zu wollen. Sie vermögen niemals das zu sein und dafür zu stehen, was jeder Mensch, wenn er offen dafür ist, jetzt schon in seinem inneren Innersten erfahren darf: dem Reich des Ewigen anzugehören.

Alle weltlichen und kirchlichen äußeren Bereiche werden vergehen. Alle die unterschiedlichen Ausprägungen von Religionen und Konfessionen werden vor der Ewigkeit nicht Bestand haben. Der einzigartige Innenraum der romanischen Abteikirche in Cluny, der auf den Betrachter wie »eine Vorahnung auf das künftige Leben« wirken musste, ist in Schutt verfallen. Der Innenraum in uns, der nicht weniger verwundbar ist, ist uns erhalten geblieben und lädt uns ein, durch ihn hindurch das Reich des Ewigen zu betreten, das wir nur durch ihn erreichen können. Wenn ich auf die Rekonstruktion des Langhauses der Abteikirche von Cluny mit seinem »subtilen Spiel vertikaler, gestufter Stützen und stark hervorspringender Gesimse« schaue, wird mein Innenraum davon sofort angesprochen, entdeckt mein innerer Raum sich in diesem Innenraum. Ich schaue auf einen Teil meiner Seele. Es ist, als betrete ich die Pforte, die mich zur Ewigkeit führt.

Ein Unendlich, das sich mit dem Unendlich Gottes verbindet

Ich befinde mich auf dem Weg zur Kirche in Taizé. Es ist, als befinde ich mich auf dem Weg in die Ewigkeit. Ich spüre regelrecht in mir das Ewige oder besser: Ich erlebe mich als Teil des Ewigen. Es bedarf nicht des einzigartigen Innenraums der Abteikirche von Cluny, es genügt das Eintauchen in die einfache, im Halbdunkel liegende Kirche in Taizé, um sich vom Ewigen und schließlich auch DEM EWIGEN umfangen zu erleben. Und es ist am Ende nicht der Mythos Taizé, die Atmosphäre, die vertrauten Gesänge, die Stille. Sie alle tragen dazu bei, sensibler und offener zu werden für die Ewigkeit. Entscheidend ist das Ewige, sein Schutz, seine Unendlichkeit, seine Tiefe, seine mystische Grund-Losigkeit in mir selbst zu erfahren. Frère Roger Schütz (1984, S. 125f.) schreibt in seinen Tagebuchaufzeichnungen:

»Sich selbst zu begreifen versuchen, bedeutet manchmal sich auf heikle Feststellungen einlassen. Solches Schürfen führt nicht zu den Erstursachen innerer Abläufe. Wir bleiben an der eigenen Oberfläche. Manchmal diese Oberfläche zu durchstoßen birgt jedoch die Möglichkeit, deinen Gott zu entdecken. Er ist da. Bis auf den eigenen Grund vordringen? Aber es gibt keinen Grund, es gibt ein Unendlich, das sich mit dem Unendlich Gottes verbindet.«

Als die Zeit in Taizé vorbei war, verspürte ich in mir die Sehnsucht, in diesem Reich der Ewigkeit verweilen zu dürfen. Ich wollte nicht wieder heraus aus dieser Welt, die mich so sehr mit der Erfahrung des Ewigen in Berührung brachte. Doch ich musste mich natürlich wieder der Welt des Stress, der Wirklichkeit des Alltags stellen. Mir half und hilft es, immer wieder mit den alten Erfahrungen in Kontakt zu kommen. Mir Zeiten zu nehmen und zu gönnen, in denen ich wieder in diese Welt der Ewigkeit eintauche. Oder ich lasse einfach die Taizé-Lieder in mir singen. Manchmal stellte ich überrascht fest, dass ich ein Taizé-Lied singe oder vor mich hin pfeife. Plötzlich ist die Melodie da, wie wenn sich meine Seele meldet mit ihrer Sehnsucht, beachtet zu werden. Sie will mich dann wieder mehr mit dem Bereich des Ewigen verbinden.

Der Klang der Welt,
die unsichtbar sich
um uns weitet

Das Ewige weiß ich in mir selber wohnen

Hermann Hesse zählt wie Rainer Maria Rilke zu den Dichtern, die eine besondere Sensibilität für das Ewige zeigen. So, wenn Hermann Hesse schreibt:

»Denn das Ewige, das Wesen, weiß ich in mir selber wohnen.«

Das muss man sich auf der Zunge zergehen lassen: Das Ewige weiß ich in mir selber wohnen. Mancher mag solche Gedanken und Aussagen als Spinnerei abtun. Das Ewige in mir – wo soll das denn sein? Wer es in sich sucht, wird es nicht finden, wie er die Seele nicht finden wird. Jetzt einfach daran glauben, einfach vertrauensvoll davon ausgehen, dass Gott, wie es der Prediger Salomon (Koh 3,11) im Alten Testament behauptet, die Ewigkeit in unser Herz gelegt hat, wir das aber nicht ergründen können? Ja und nein. Daran zu glauben, dass das Ewige in uns wohnt, fest davon auszugehen, kann hilfreich sein. Ich selbst glaube daran, gehe fest davon aus. Entscheidend ist für mich aber, dass ich immer wieder mit dem Ewigen in mir *in Berührung bin*, das Ewige in mir *erfahre*.

Mit dem Ewigen in mir in Berührung sein, heißt für mich, mit einer Tiefenschicht in mir selbst in Berührung zu sein. Es ist die Tiefenschicht in mir, die weiter und tiefer geht als die Welt des Unbewussten. Es ist die Schicht in mir, die mich an das Größere, das mich Übersteigende, das Unbegreifliche, das Grenzenlose anzuschließen vermag. Ich meine damit: In dieser tieferen Schicht in mir mache ich Erfahrungen, die mein Denken und Begreifen übersteigen. Dort wohnt das Ewige. Dort vernehme ich »jenen zauberischen Klang von Ewigkeit, in den man versinken und von dem man sich einschläfern und zudecken lassen kann«. (Hermann Hesse 1989, S. 103)

Jener volle Klang der Welt, die unsichtbar sich um uns weitet

Formuliere ich es als Glaubender, kann ich sagen: Es ist der Moment, in dem ich die Verbundenheit mit dem Ewigen, Gott, spüre. Oder in den Worten von Dietrich Bonhoeffer (1945):

> Wenn sich die Stille nun tief um uns breitet,
> so lass uns hören jenen vollen Klang
> der Welt, die unsichtbar sich um uns weitet,
> all deiner Kinder hohen Lobgesang.

Jener Klang der Welt, die unsichtbar sich um uns weitet, kommt aus der Welt der Ewigkeit. Es ist die Welt der Ewigkeit, des Jenseits, deren Klang wir hören, wenn wir auf die Stille hören. Wenn wir diesen Klang vernehmen, wenn die Melodie der Ewigkeit unser Ohr, unser Herz, unsere Seele erreicht, dann – in diesem Augenblick – leben wir im Jetzt und in der Ewigkeit. Wir erfahren »einen Hauch von Ewigkeit« (Niklaus Brantschen). Das ist der Moment, in dem wir sagen möchten »Augenblick verweile«. Es ist die dichteste Erfahrung von Zeit. Ein Zustand, bei dem es einfach gut ist, so wie es ist. Was war, was ist, was sein wird – es ist aufgehoben im Meer der Ewigkeit, von dem ich ein Teil bin, dem ich aber noch nicht ganz überlassen bin, solange ich im Jetzt verankert bin, im Hier und Jetzt lebe.

Die Welt, die unsichtbar sich um mich weitet, ist Gott selbst. Der Klang, den ich höre, ist ein Klang, der mir im Tiefsten vertraut ist. Es ist ein Klang, der Zuversicht vermittelt, trägt er doch mit sich die immer gültige, ewige und zugleich jetzt gültige Botschaft: Ich bin, der ich bin. Ja, Du *bist*. Du bist der, der Du bist – jetzt und in Ewigkeit.

> Ich weiß nicht, ob es Gott *gibt*.
>
> Aber ich erfahre Gott immer wieder.
>
> Ich glaube an die Anwesenheit Gottes
>
> in unserer Welt und Wirklichkeit.
>
> Es ist eine unauffällige, nicht sichtbare
>
> Anwesenheit.
>
> Ich glaube auch an das Wirken Gottes in
>
> unserer Zeit.

Allein es ist ein unauffälliges und stetiges Wirken,
dem Wunder und Sensationen fremd sind.
Was nicht ausschließt, dass wir (Menschen)
    darin Wunder sehen
und Gott Wunder wirken kann.
Gott kennt keine bevorzugten Orte.
Er lässt sich nicht bevorzugt an irgendwelchen
    Plätzen nieder.
Gibt es einen bevorzugten Platz,
dann sind es die Menschen,
in deren Innersten er Wohnung nimmt.
Es gibt Orte, Begebenheiten,
in denen und bei denen Gottes Anwesenheit
    besonders spürbar, erfahrbar ist.
Bei denen wir vielleicht mehr als sonst wach sind
    für seine Anwesenheit.
Hier begegnen wir dem ganz Anderen,
    dem Heiligen, dem Numinosen.
Wir machen eine Erfahrung der anderen Art.
Wir sind ergriffen,
tief berührt und aufgewühlt.
Es sind Momente, in denen uns das Heilige
    berührt,
ein heiliger Schauer uns ergreift,
die Ewigkeit zum Jetzt,
das Jetzt zur Ewigkeit wird.

Gott ist da, er ist in diesem Raum

Wenn ich am Samstagabend bei der Sonntagsbegrü-
ßung auf dem Schwanberg in den Gesang einstimme *Du
Licht vom Lichte ...* und an die Stelle komme *Wir sehnen
uns nach deinem Tag, an dem im Licht du uns erscheinst,*
da kann es geschehen, dass der Geist meine Seele
anrührt, meine Sehnsucht nach Gott, nach DIR, meinem
Gott, mich überwältigt. Ein heiliger Schauer ergreift
mich. Ich spüre die Nähe des Heiligen, von dem es in
dem Lied heißt: *Vor jedem Anbeginn bist du geboren,
Gott, unsagbar groß.* Ich suche vielleicht wegen dieser
Erfahrung diesen Ort immer wieder auf. Weil ich hoffe,
dass dann der Geist mich, meine Seele anrührt. Wie ich
mich danach sehne, vom Heiligen angerührt zu werden.
Es sind die Erfahrungen, die mich in die Mitte meines
Seins führen. Bei denen sich für einen Augenblick der
Himmel öffnet. Ich für einen Moment eine Ahnung davon
bekomme, wie letztlich unerklärbar, unfassbar, alles
Denken und Analysieren sprengend – selbst die klügsten
Lehrsätze und Dogmen –, der ist, der von sich sagt: Ich
bin der »Ich-bin-da«.
   Und der ist da. Jetzt. Hier. Mir fallen die Worte von
Thomas Merton (in: Montaldo 2002, S. 43) ein:
   »Ich lausche dem Ticken der Uhr. Unten hat der Ther-
mostat eben das Summen aufgehört. Gott ist in diesem
Raum. Er ist in meinem Herzen – so spürbar, dass es
schwierig ist zu lesen oder zu schreiben ... Es ist sehr
still, o mein Gott. Dein Mond scheint auf unsere Hütten,
und dein Mondlicht scheint in meine weit geöffnete
Seele, wenn alles still ist ...«

»Wenn die Seele ihrer eigenen Unendlichkeit inne-
wird, dann entsteht in diesem Augenblick Stille«, sagt
Henry David Thoreau (1996, S. 30). Wenn ich ins Schweigen und in die Stille eintrete, betrete ich zunehmend das
Reich der Ewigkeit.

Die Welt des Ewigen erahne ich in der Erfahrung von
Stille. Wenn absolute Stille mich umfängt, kann ich sie
fast schon erfahren. Die Stille ist das Rauschen der Ewigkeit. Sie ist die Öffnung, der Durchgang zur Ewigkeit.
Sie bahnt mir im Schweigen den Weg hin in die tiefere
Schicht meines Seins, die mich an das Reich des Ewigen
anschließt. Es bedarf beim Meditieren des Gongs, um
mich dort zu erreichen und zurückzuholen, wenn ich
wirklich versunken bin im Reich des Ewigen.

Stille als Erfahrung der Gegenwart Gottes. Die Stille,
die während eines Gottesdienstes nicht entstehen kann,
wenn ein Lied nach dem anderen, ein Text nach dem anderen folgt und dadurch die Erfahrung der Begegnung
mit Gott, von ihm, seinem Geist berührt zu werden, ver-
hindert oder erschwert wird. Wenn der Geist die Seele
berührt, nimmt Gott Wohnung bei dir. Du spürst seine
Anwesenheit. So wie du die Berührung eines geliebten
Menschen spürst und die Zuneigung, die darin zum Ausdruck kommt.

Unvergängliches Leben
bewirkt, dass man
Gott nahe ist

Gottes Nähe erfahren

Manchmal kann ich es nicht begreifen, aber dann nehme ich es einfach dankbar an: Ich darf jetzt schon am unvergänglichen Leben teilhaben. Nicht erst nach meinem Tod. Ich darf jetzt schon die Erfahrung machen, Teilhaber des ewigen Lebens zu sein. Für mich ist dabei entscheidend, das zu *erfahren*. Das aber ist eine so einzigartige, tiefe Erfahrung, dass es mir letztlich nicht möglich ist, in Worte zu fassen, wie ich das erlebe. Ich kann nur sagen: Ich fühle mich, wenn ich diese Teilhabe am ewigen Leben spüre, wie eingebunden in den Fluss des Lebens. Ich erlebe mich als Teil einer Dimension, die nach vorne offen ist, die sich im Unendlichen verliert. Ich, meine Welt, was mich beschäftigt, wird verlängert, wird erweitert um die Dimension der Ewigkeit.

Und dann entdecke ich im Buch der Weisheit den Satz: »... unvergängliches Leben ... bewirkt, dass man Gott nahe ist«. Sofort regt sich mein Inneres. Dieser Satz berührt mich. Ich spüre, genau das ist es, was ich erfahre, wenn ich mich mit der Ewigkeit verbunden fühle. Ich erfahre in diesem Augenblick Gottes Nähe. Er ist mir dann ganz nahe. Ich muss nichts dazu beitragen. Er ist einfach da. Bei mir. Neben mir. Um mich herum. Ja, ich bin in ihm, habe Teil an ihm.

Gibt es eine tiefere Erfahrung? Gibt es eine Erfahrung, die tröstender, heilender ist? Mir erwächst aus dieser Erfahrung Trost, Gelassenheit, Heilung. Während ich das schreibe, befinde ich mich in einer inneren Situation, die von großer Trauer über Abschied und aufwühlende Erfahrungen in meiner Familie geprägt ist. Ich spüre die Trauer, lasse sie zu. Ich spüre die Auswirkungen der Angst und des Schocks, die mich angesichts dieser Ereignisse befielen. Ich lasse die Trauer zu, als bei der Probe im Kirchenchor beim Singen einer bestimmten Melodie mein Schmerz kaum auszuhalten ist. Zugleich lasse ich mich aber auch von den Wellen umspülen, die aus der Welt der Ewigkeit zu mir herüberziehen. Sie überfluten meine Traurigkeit und Angst, tauchen sie ein in das Wasser, das zwischen dem Reich der Ewigkeit und mir fließt. Die Trauer weicht nicht, die Angst und die seelischen Schmerzen lösen sich nicht einfach auf. Ich bin und bleibe Teil *dieses* Lebens mit all seinen alltäglichen Zügen. Doch ich erfahre auch Erleichterung, Linderung, Trost. Ich spüre die Kraft, die aus der Welt der Ewigkeit, der Erfahrung der Verbundenheit mit *dieser* Welt mir zuwächst. Da ist ein Kraftstrom, der für mich konkret erfahrbar ist. Den ich als heilend erfahren darf. Als heilende Nähe Gottes, geschenkt in der Erfahrung der Verbundenheit mit dem unvergänglichen Leben, der Welt der Ewigkeit.

Der Welt der Ewigkeit werde ich teilhaftig, wenn ich im gegenwärtigen Moment lebe. Es sind die Augenblicke, in denen die Zeit stille steht. Ich nur im Moment lebe. In diesem Augenblick wird mein Dasein zum Sakrament. Erfahre ich es als ein Sakrament, als einen heiligen und geheiligten Augenblick. Ich sehe und erlebe etwas, was ich sonst nicht erlebe. Ich bin ganz da und in dieser Verdichtung meines Daseins erfahre ich Ewigkeit. Ich bekomme eine Ahnung von dem, wie es sein wird, wenn ich einst ganz der Ewigkeit gehöre. Es ist der Moment, in dem ich Gott als stilles, sanftes Säuseln vernehme.

Unvergängliches Leben hat bereits angefangen. Es setzt sich fort in der Ewigkeit. Es ist Jetzt und Ewigkeit zugleich. Vor allem aber schließt mich unvergängliches Leben an Gott an. Es lässt mich Gott nahe sein. Ich stehe nicht einfach unverbunden da. Ich bin mit der Ewigkeit, dem Größeren verbunden und verwoben. Ich *spüre* diese Verbundenheit. Ich spüre die Nähe Gottes. Ich erfahre sie als Halt, als Liebe, als Zugehörigkeit. Unvergängliches Leben sagt mir: Diese Verbundenheit reißt nie ab. Sie ist jetzt und in Ewigkeit. Wenn ich die Erfahrung mache, mit der Ewigkeit verbunden zu sein, erfahre ich die Nähe Gottes. Ich habe dann teil am unvergänglichen Leben. Ich erfahre diese Teilhabe am unvergänglichen Leben als eine Wirklichkeit, die in mein Jetzt, die in die Gegenwart hineinwirkt.

Wenn ich in der Erfahrung der Verbundenheit mit der Ewigkeit lebe, lebe ich aus der Verbundenheit mit *dem* Ewigen. Ich erfahre dann die Nähe Gottes. Ich muss, ja will dann nicht länger über Gott reden. Er ist dann einfach da. Ich lebe dann aus und in der Verbundenheit mit

Gott. Ich lebe dann aus und in der Nähe des Ewigen. Ich bin nicht länger von ihm getrennt, was der Fall ist, solange ich »nur« über Gott nachdenke, er das Objekt meiner Überlegungen bleibt. Jetzt habe ich die Mauer durchbrochen, die mich von ihm trennte. Jetzt erfahre ich mich als Teil von ihm.

Ich erlebe das als die tiefste spirituelle Erfahrung, die mir geschenkt werden kann. Es ist jetzt nicht länger eine allgemeine Dimension Ewigkeit, mit der ich mich verbunden fühle. Es ist Gott selbst, der Ewige als eine höchste unbegreifliche und unaussprechliche Wirklichkeit, von dem es im 4. Laterankonzil heißt: »Wir glauben und bekennen ... dass es *eine* höchste Wirklichkeit gibt, und zwar eine unbegreifliche und unaussprechliche, die wahrhaftig Vater und Sohn und Heiliger Geist ist«, die in diesem Augenblick zu meinem innigsten Du wird.

Als ich aufwache

Bist du einfach da

Ich muss dich nicht

Herholen

Muss nicht erst

Über dich nachdenken

Muss nicht erst

In die Versenkung

Gehen

Du bist einfach da

Unaufdringlich

Selbstverständlich

»Mein Leben ist
Am heiligsten
Wenn ich morgens
Erwache« (H.D. Thoreau)
Ich muss gar nichts tun
Kann einfach verweilen
In deiner Gegenwart

In der Frühe
Bist du einfach da
Ich gehe hinaus
Dein Sternenzelt über mir
Ich gehe mit mir
Du bist bei mir
Du bist in mir
Du bist um mich herum
Ich muss gar nichts tun
Bin einfach
Gehe durch die morgendliche Nacht
Umgeben von den Stimmen der Tiere
Im Einklang
Mit dir
Meinem Gott
Ich muss nicht erst
In die Tiefe hinabsteigen
Es ist
Als komme ich
Aus der Tiefe

Der Tiefe der Nacht

Und der Tiefe des Schlafes

Als befände ich mich

Noch in der Tiefe

Meiner Tiefe

In dir

Mit dir

Du

Mein Gott

Gestern

Heute

Morgen

In

Ewigkeit

Amen

Siebter
Teil

Gottheit, tief verborgen,

Betend nah' ich dir.

Unter diesem Zeichen

Bist du wahrhaft hier.

Sieh, mit ganzem Herzen

Schenk' ich dir mich hin,

Weil vor solchem Wunder

Ich nur Armut bin.

Thomas von Aquin

Menschwerdung und die Erfahrung des Ewigen

Der in mir vorhandenen Dynamik trauen

Wenn ich mich bereits im Jetzt mit der Dimension des Ewigen verbunden fühle, wird mein Prozess der Menschwerdung gefördert. Ich muss von meinem Menschsein nichts weggeben. Im Gegenteil: Je mehr ich die Dimension des Ewigen in mein Leben hineinlasse, desto mehr wird der Prozess meiner Menschwerdung gefördert, kommt mein Menschwerdungsprozess seiner Vollendung näher.

Menschwerdung heißt hier, von mir her, von meinem Kern her, nach innen und nach außen strahlen. Menschwerdung heißt weiter, der mir mitgegebenen, der in mir vorhandenen Dynamik zu trauen. Von meiner Mitte her, von meinem Inneren her, mich leiten lassen. Mich nicht dazu verführen lassen, irgendwelchen Sternen, Sonnenstrahlen von außen aufzusitzen. Vielmehr dem Stern in mir, der Sonne in mir zu folgen.

Doch warum ist das oft so schwer? Warum ist der Sog von außen so stark, so verlockend, obwohl wir doch merken, dass er nicht hält, was er verspricht? Wohl, weil wir Einflüssen ausgesetzt sind, die es als erstrebenswertes Ziel, als das Nonplusultra propagieren, Erfolg zu haben, im Scheinwerferlicht zu stehen, berühmt, begehrt, der Beste zu sein. Wir fallen darauf rein, solange wir an der Außenseite, man könnte auch sagen an der Oberfläche leben. Das ändert sich, wenn wir in die Tiefe gehen, wenn wir das Reich des Ewigen betreten, in dem andere Maßstäbe gelten.

Die Erfahrung zu machen, schon in diesem Leben an das Grenzenlose angeschlossen zu sein, gehört fundamental zu unserer Menschwerdung. Solange uns das nicht gelungen ist, ist ein entscheidendes Stück unserer Menschwerdung noch nicht geschehen, verzetteln wir uns, verlaufen wir uns. Wir mögen erfolgreich, berühmt, reich, gefragt und beliebt sein. Doch wir bleiben in unserem eigenen Menschwerdungsprozess hängen. Wir bleiben verfangen und verstrickt in Scheingeplänkeln, die uns nicht weiterführen, die unsere Energie und Kraft vergeuden. Wir behindern unseren Menschwerdungsprozess.

Die Bereitschaft, sich einem Größeren zu überlassen

Die Erfahrung zu machen, schon in diesem Leben an das Grenzenlose angeschlossen zu sein, geht für mich einher mit der Bereitschaft, sich einem Größeren überlassen zu können. Wenn ich mich einer größeren Macht, Gott hinhalte, mich auf sie ausrichte, füge ich meinem Menschsein etwas hinzu, erweitere ich es um eine entscheidende Dimension. Ich übereigne mich dem großen, ewigen Du, das im persönlichen Gebet zu meinem innigsten Du werden kann. Von diesem Augenblick an überlasse ich mein Leben dem Schicksal, dem es ohnehin unterstellt ist. Ich tue das aber in der von mir bewusst und freiwillig getroffenen Entscheidung, als Ausdruck eines ganz tief in mir entbundenen Wollens und in mir vorhandenen Vertrauens.

In dieser Hinwendung zu einem Größeren, die aus einer großen Tiefe in mir kommt, trete ich in Verbindung mit dem Reich des Ewigen. Ich nehme gleichsam Kontakt auf mit diesem Reich. Dabei handelt es sich nicht um einen oberflächlichen Kontakt, ein gedankliches Wollen. Vielmehr erfahre ich in diesem Augenblick das Tiefste in mir, meine Seele, als Teil eines Größeren, der Weltseele, Gottes. Das ist eine zutiefst religiöse und spirituelle Erfahrung, die der Religionsphilosoph Max Scheler (1954, S. 190f.) mit den Worten beschreibt: »Der Religiöse gelangt in der religiösen Sammlung und bei Selbstvertiefung in die Wurzel seines geistigen Wesens schließlich in die fühlbare Nähe einer Stelle, wo er seinen Geist vom Geiste Gottes ›umhegt‹, ›gespeist‹, ›in ihm

gegründet‹, ›von ihm gehalten‹ unmittelbar anschaut.«
Bei der Erfahrung, jetzt schon an das Grenzenlose, den
Grenzenlosen angeschlossen zu sein, bin ich an der fühl-
baren Nähe jener Stelle angelangt, an der ich Gottes
Geist spüren und erfahren kann.

Für Sigmund Freud ist die Quelle religiöser Energie
ein Gefühl wie von etwas Unbegrenztem, Schranken-
losem, gleichsam Ozeanischem. Dieses Gefühl sei eine
rein subjektive Tatsache, kein Glaubenssatz. Nur auf-
grund dieses ozeanischen Gefühls dürfe man sich religiös heißen, auch wenn man jeden Glauben und jede
Illusion ablehne. Für mich sind das Überlegungen, die
ich als gläubiger Mensch weiter entfalte. So helfen mir
Carl Gustav Jungs Vorstellungen von der Welt-Seele zu
verstehen und zu beschreiben, was es heißt, dass Gott
nicht nur in mir wohnt, sondern ich die Erfahrung mache,
in Gott aufgehoben zu sein. Gott ist für mich dann auch
die Personifizierung des Reiches der Ewigkeit. Er ist das
große Du, das unendlich und zutiefst innig, einzigartig,
personal ist. Dabei weiß ich, dass ich nur annäherungs-
weise beschreiben kann, was Gott ist, wie ich ihn erfahre,
und ich weit davon entfernt bin, das zu treffen, was Gott
wirklich ausmacht und ist.

Mich vom Ewigen auffangen lassen

In der Hinwendung zu einem personalen Gott verkürze ich nicht den Weg meiner Menschwerdung. Denn für mich meint das nicht, mich zu schnell in die Beziehung zu Gott zu flüchten oder mir den schweren und brutalen Weg zu ersparen. Auch meint es nicht, der Hoffnungslosigkeit aus dem Weg gehen, die mich überfallen müsste, wenn ich Gott für tot erklärte, wie das andere, etwa Friedrich Nietzsche, getan haben. Ich muss den schweren Weg gehen und ich gehe ihn, Tag für Tag, Stunde für Stunde. Ich weiß daher, wie sich Hoffnungslosigkeit anfühlt. Ich kenne die Hölle der Depression.

Meine Hinwendung zu Gott nimmt mir all das nicht. Im Gegenteil. Sie treibt mich dazu an, mich der Wirklichkeit des Lebens und meines Lebensweges zu stellen. Das schließt ein, Traurigkeit, Hoffnungslosigkeit und Verzweiflung auszuhalten und durchzustehen. Sie bahnen mir den Weg in die Tiefe, meinen eigentlichen Grund. So gehe ich zu Grunde, bin zugleich aber in meiner Hinwendung zu Gott mit meiner Sehnsucht nach mehr, nach dem ganz Anderen, dem Ewigen in Berührung. Ich falle ins Nichts, um schließlich auf meinem eigentlichen Grund zu landen. Jetzt in dieser Tiefe, in der Erfahrung meines Grundes, im Erahnen des Grenzenlosen in mir selbst fühle ich mich angeschlossen an das Grenzenlose. Friedrich Nietzsche schreibt in seinem Nachlass, wenn Sehnsucht und Verzweiflung zusammenfallen, entsteht Mystik. So ist es auch der mystische Weg, der mir am Ende die Erfahrung schenkt, jetzt schon an das Grenzenlose angeschlossen zu sein.

Ich kann dann aus der Tiefe meiner Seele heraus folgenden Psalm in der Version von Pierre Stutz (1996, S. 36) sprechen, ja beten:

> Du Gott
> bist der Grund meiner Hoffnung
> Du lebst als tiefes Geheimnis in mir
>
> Kommen auch Tage des Zweifels
> der Ungewissheit
> wo vieles wie eine große Lebenslüge erscheint
> so versuche ich vertrauensvoll zu Grunde zu gehen
>
> Weil Du
> mich durch diese Verunsicherung
> zur Quelle des Lebens führen wirst
> damit in mir auch Schwäche
> und Ohnmacht leben darf
>
> *So wird mir nichts mehr fehlen*
> und ich finde neue Geborgenheit in Dir

Die Sehnsucht, die mich dazu anspornt, diesen Weg zu gehen, der meine Menschwerdung vorantreibt, zielt auf Gott hin. »Unruhig ist unser Herz, bis es Ruhe findet in dir«, sagt Augustinus. Mein Herz wird ruhig, die Hinwendung zu Gott findet ihre Erfüllung, wenn ich mich angeschlossen fühle an Gott.

Die Erfahrung des Ewigen in der sexuellen Hingabe, im Verlieben und im Eros

Mystische Liebe, in der Menschliches und Göttliches sich treffen

Nach Bede Griffiths (1983, S. 166f.), der immer wieder versucht östliches und westliches Denken zusammen zu sehen, schenkt die körperliche und emotionale Vereinigung allein nicht die Befriedigung, die in der sexuellen Begegnung gesucht wird. Es ist ein sich ganz Hingeben, bei dem aus zweien eines wird, das Männliche und das Weibliche sich vereinigen, die Trennung der menschlichen Natur überwunden wird. Diese Ganzhingabe vollzieht sich bei den einen in der sexuellen Begegnung, bei anderen in der ekstatischen Begegnung mit der Natur oder in der Hingabe für andere Menschen. Entscheidend ist dabei, so Bede Griffiths, ein Erwecken und Erwachen unseres innersten Selbst, ein tieferes Erkennen und Entdecken unseres Selbst. Es ist eine Erfahrung, bei der wir tief in uns eine Liebe erfahren dürfen, die über ein körperliches Empfinden und emotionale Intimität hinausgeht. Wir entdecken dabei die »Kraft einer unendlichen Liebe, dann nämlich, wenn wir unsere menschlichen

Möglichkeiten übersteigen und der Präsenz des göttlichen Seins in uns gewahr werden. Das ist mystische Liebe, in der Menschliches und Göttliches sich treffen.« (S. 96)

In der Begegnung mit Gott, in der Ekstase ihrer Liebe, durften die Mystiker und Mystikerinnen das Göttliche, das Heilige und Ewige in sich erfahren. Das kann zum Augenblick höchster Glückserfahrung werden, bei der die Zeit stehen bleibt und nur der Moment gilt, Himmel und Erde als eins empfunden werden. Wie die Mystiker können wir mit dem Ewigen in uns in Berührung kommen, wenn wir, in welchen Formen der Hingabe auch immer, unserer Sehnsucht nach der Erfahrung grenzenloser Liebe Ausdruck verleihen – sei es im Geben oder im Nehmen. Das kann zum Moment höchster Glückserfahrung werden, in dem die Zeit stehen bleibt, bei der der Augenblick gilt, Himmel und Erde als eins erfahren werden, sich berühren, ja gegenseitig durchwirken und durchdringen. Ich mache die Erfahrung, schon in diesem Leben an das Grenzenlose angeschlossen zu sein.

Das gilt auch für die körperliche Vereinigung, die dann mit der emotionalen, seelischen und spirituellen Vereinigung und Verschmelzung einhergeht. So meint auch Walter Schubart (1989, S. 125):

»In den Küssen der Geliebten brennt das himmlische Feuer, das in uns den Willen zur großen Verwandlung entfacht, den Willen, aus der Enge der Person hinaus ins Freie zu kommen. Wie in der Muschel die ferne Riesenmacht des Meeres, so rauscht aus dem Atem der Geliebten die ganze Natur. Du sollst aus deiner Einsamkeit erlöst werden, sagt dieses Rauschen. Du sollst hinausgehen und deinem Du begegnen, der Gehilfin zu Gott. Zuletzt treibt die Geschlechterliebe den Menschen der Gottheit in die Arme und löscht den Trennungsstrich aus zwischen Ich und Du, Ich und Welt, Welt und Gottheit. Die echte Geschlechterliebe ist ein *testimonium spiritus sancti*. Sie entzündet sich am Göttlichen, empfängt von dort ihren Adel und weist schließlich auf das Göttliche zurück.«

Wenn das Ewige in die Sexualität einbricht

Ja die Erfahrung des Einsseins, wenn aus zwei eins wird, setzt die Erfahrung des Transzendenten voraus, meint Walter Schubart (1989, S. 125).»Denn nur an der Stelle, wo Menschen das Absolute berühren, können sie ineinander übergleiten und zu geistiger Einheit verschmelzen.« Die körperliche Vereinigung geht dann einher mit der emotionalen und seelischen Vereinigung und Verschmelzung.»Seele und Körper berühren sich im Akt«, sagt Novalis.

Die ekstatische sexuelle Erfahrung kann somit den Weg zu einer tiefen spirituellen Erfahrung eröffnen. Menschen erleben dann die intime, ganzheitliche sexuelle Begegnung als Momente, in denen sie eine Ahnung von dem spüren, was über sie hinausgeht. Sie machen in diesen Momenten die Erfahrung, an das Grenzenlose angeschlossen zu sein. Bis dahin, dass sie in dieser Erfahrung eine tiefe Gotteserfahrung machen dürfen. »Gerade im sexuellen Zusammensein«, so Doly H. Donelly (1984, S. 34), »können zwei Menschen Gott lieben, danken, anbeten. Das Verlangen nach Vereinigung, zur Fülle gebracht in der menschlichen Liebe, kann Teil der Überschreitung des Ich sein, das wir erfahren in unserem Bemühen, Gott spirituell zu lieben.«

Auch für Karl Ledergerber (1971, S. 214f.) kann der leibhafte Liebesvollzug menschlicher Liebespartner, »die physiologische und psychologische Erfahrung der Ekstase als mystische Erfahrung verstanden werden. Der Orgasmus, die Quintessenz der leibhaften Liebe, kann sogar, in aller Tiefe verstanden, realsymbolisch als Medium mystischer Gotteserfahrung erlebt werden – für den, der ihn so zu erleben vermag ... Was man gerne und allzu eilfertig der weltabgewandten Mönchsmystik vorbehalten wissen wollte, nämlich das spirituelle Gotteserlebnis, ist auch eine durchaus reale Möglichkeit der leibhaften Liebe, die leidenschaftlich, sinnlich erotisch, rauschhaft erfahren wird.«

In einer Sprache, die der Sexualität Würde, dem spirituellen Dasein sinnliche Fülle und Lust verleiht, drückt Novalis (2000, S. 210f.) in einem Gedicht aus, was im Augenblick seelisch-sinnlicher Vereinigung geschieht:

Leiser Wünsche süßes Plaudern

Hören wir allein, und schauen

Immerdar in selge Augen,

Schmecken nichts als Mund und Kuss.

Alles, was wir nur berühren

Wird zu heißen Balsamfrüchten
Wird zu weichen zarten Brüsten,
Opfer kühner Lust.

Immer wächst und blüht Verlangen
Am Geliebten festzuhangen,
Ihn im Innern zu empfangen,
Eins mit ihm zu seyn,
Seinem Durste nicht zu wehren,
Sich im Wechsel zu verzehren,
Voneinander sich zu nähren,
Voneinander nur allein.

Und in dieser Flut ergießen
Wir uns auf geheime Weise
In den Ozean des Lebens
Tief in Gott hinein.

Eine Sexualität, die offen ist für das Ewige, bedarf einer bestimmten Atmosphäre. Bei ihr will ich der anderen Person in die Augen schauen können. Ich will spüren, wie der Boden unter den Füßen ins Wanken gerät. Ich will erleben, wie der Himmel in der sexuellen Erfahrung sich öffnet, ich die Erfahrung mache an das Unendliche, das Grenzenlose wenigstens für einige Momente angeschlossen zu sein. In einer beseelten, spirituellen Sexualität, die offen ist für die Erfahrung des Ewigen, höre ich das Herz des anderen schlagen, werden die Genitalien und die Herzen zusammengeführt. Wenn die Erfahrung des Ewigen in die Sexualität einbricht, berühren sich erotisches und religiöses Ergriffensein, sexueller und spiritueller Schauer. Lust und Heiligkeit sind gleichermaßen präsent. Jetzt und Ewigkeit vereinigen sich.

Eros drängt es zum Ewigen

Auch Eros wird nicht ausgeschlossen, sondern ist mittendrin. Er kann sich ungehindert ausbreiten und seine Lebens- und Seelenkraft ausströmen lassen. Eros aber drängt uns hin zum Ewigen und zur Erfahrung des Numinosen. Er steht im Dienst des Ewigen. Er will uns zu dem Göttlichen, an dem wir Anteil haben, führen. Eros will, dass wir das Ewige in unseren Alltag integrieren. Zugleich aber verheißt die vom Eros mitgeprägte erotische Liebe, die mit dem Göttlichen zu tun hat, »Unendlichkeit, Ewigkeit – das Größere und ganz Andere gegenüber dem Alltag unseres Daseins.« So Papst Benedikt XVI. in seiner Enzyklika »Deus Caritas est« (Gott ist die Liebe).

In der Erfahrung unsterblichen Verliebtseins wird das Drängen unseres Eros hin zum Ewigen, jetzt schon an das Ewige angeschlossen zu sein, sichtbar und erlebbar. Wir werden dabei von einer Erfahrung überwältigt, der wir nicht ausweichen, der wir nichts entgegensetzen können. Es ist für manche die stärkste Form, in der sie die Erfahrung machen, vom Ewigen berührt zu werden. Es kann sich dabei auch um eine numinose Erfahrung handeln, bei der wir in uns einen heiligen Schauer, ein inneres Erschauern spüren. Denn im Verlieben ist die Fähigkeit zu numinoser Erfahrung, die zur Urausstattung menschlichen Seins gehört, erhalten geblieben. Hier schafft sich unsere Sehnsucht Luft, »das Vergängliche festzuhalten und unvergänglich zu machen. Der Liebende schwört ›ewige Liebe‹, und tatsächlich ist die Liebe unzerstörbar, solange sie sich mit dem Ewigen verklammert.« (Schubart 1989, S. 121) So sieht der Liebende »das endliche Wesen im Glanze des Unendlichen. Er ergreift in ihm die Ewigkeit, das Sinnbild der Gottheit.« (S. 120) Dahinter steht die menschliche Sehnsucht nach der Erfahrung des Heiligen, des Numinosen, des Ewigen.

Wenn du tief in dir diese Sehnsucht spürst, lasse diese Sehnsucht zu. Koste sie aus. Lasse sie dein Innerstes ausfüllen. In diesen Augenblicken bist du der Erfahrung des Ewigen ganz nahe. Du darfst das Ewige mitten in dir spüren. Es ist die Ewigkeit, die bei dir anklopft. Sie will, dass du sie in dein gegenwärtiges Leben hereinlässt, um deine Welt zu bereichern, sie zu weiten und zu vertiefen. Wie könntest du dich einem solchen Anruf verschließen wollen?

Innehalten

Schließe die Augen und spüre das Ewige in dir! Lasse dich von dem Gedanken und der Erregung anstecken, in diesem Augenblick mit dem Göttlichen, dem Heiligen in dir, deinem göttlichen Kern, in Berührung zu sein. Du bist da-

*durch in einer kaum überbietbaren Weise mit dir selbst,
deinem Selbst, deiner Seele in Kontakt. In dieser absoluten
Begegnung, bei der du dein wahres Selbst spürst, begegnest du zugleich DEM Göttlichen schlechthin. Du darfst
für Momente das Einssein mit ihm erfahren. Dann kannst
du gar nicht anders, als dich hinzugeben, alles Unerfüllte
und Ungesättigte, alles Hoffnungsvolle und Sehnsuchts-
volle einfach auf das Grenzenlose, den Grenzenlosen hin
zuzulassen, dich ihm einfach zu überlassen. Wenn alles,
was dich ausmacht, wenn dein Innerstes hinstrebt zu dem
EINEN, wenn es nur noch Ich und Du, Du und Ich gibt,
dann wirst du das als Höhepunkt der Vereinigung mit Gott
erfahren, bei der, wie es im Hohen Lied heißt, alle deine
Eingeweide hinlärmen zu Gott.*

Mit der Welt des Ewigen
ständig in Kontakt
bleiben

Durch Beten, Meditation, Seelenarbeit
mit dem Ewigen in Kontakt kommen
und bleiben

Für den Ordensmann Ronald Rolheimer (2002, S. 212)
ist das regelmäßige persönliche Gebet der Weg, mit
der eigenen Seele in Verbindung zu bleiben und sie
im Gleichgewicht zu halten. Nach meiner Erfahrung
kann das auch ein Weg sein, den Kontakt zur Welt des
Ewigen herzustellen, um schon in diesem Leben die
Erfahrung zu machen, an das Grenzenlose, an Gott angeschlossen zu sein. Manchmal, so Ronald Rolheimer,
»werden andere Worte statt des Wortes Gebet ge-
braucht. Meditation, Kontemplation, innere Arbeit, Seelenarbeit, aktive Imagination, Kontakt mit unserem
inneren König, unserer inneren Königin oder Ähnliches.
Die Idee ist dieselbe: Wir müssen einen bewussten
Dialog mit dem führen, das oder den wir uns als das
letztgültige Etwas oder Jemand vorstellen, innerhalb
dessen wir ›leben und uns bewegen und atmen und sind‹
(vgl. Apg 17,28).«

Ronald Rolheimer erwähnt den Psychologen und Religionsphilosophen Robert Moore, dessen Botschaft an sein säkulares und christliches Publikum lautet:

»Wenn du nicht betest, wirst du unvermeidlich entweder depressiv werden oder aufgeblasen oder zwischen beidem hin- und herspringen. Nur das Gebet kann diese feine Linie zwischen Depression und Aufgeblasenheit liefern, in spiritueller, psychologischer und emotionaler Hinsicht. Wenn du nicht an Gott und den Wert des religiösen Gebetes glaubst, dann praktiziere irgendeine Form der aktiven Imagination oder Meditation, um mit deinem Innersten in Kontakt zu kommen. Ein Gebet allein kann der Seele ein Fundament geben und ein Gebet allein kann dich davor retten, entweder ständig deprimiert zu sein oder besessen zu sein von deinem eigenen Ego. Das trifft nach Moore zu, unabhängig davon zu, ob du religiös bist oder nicht.« (S. 212f.)

In eine ähnliche Richtung geht der Journalist Jürgen Leinemann (2004, S. 454ff.) in seinem Buch *Höhenrausch*, wenn er von der Sucht der Politiker, im Scheinwerferlicht zu stehen, spricht. Er deutet das als Betäubung und Flucht, als Reaktion auf »spirituelle Leere«. Nach Leinemann überleben vor allem jene Politiker vergleichsweise unbeschädigt den Machtbetrieb und den Abschied aus ihren privilegierten Ämtern, »die sich ... dem Glauben an eine Sache verpflichtet fühlen, die größer ist als sie selbst«. »Im Grunde geht es immer um Transzendenz«, wird Norbert Blüm zitiert. »Das Glück als Ziel unserer Sehnsucht liegt außerhalb von uns.« Jeden Morgen habe, so Jürgen Leinemann weiter, Johannes Rau als Bundespräsident das Bibelwort der Herrnhuther

Brüdergemeine gelesen, nicht als politische Handlungs-
anweisung, sondern als Lebenshilfe. Johannes Rau: »Es ist
einfach der Versuch, das Geländer nicht zu verlieren.«

Das Geländer, an dem ich mich festhalte, steht für das
Ewige, letztlich auch für das Göttliche oder den Ewigen.
Die frühere, inzwischen verstorbene Herausgeberin der
Wochenzeitung DIE ZEIT, Marion Gräfin Dönhoff (2002,
S. 59), sieht im Göttlichen das Zentrum. Sie schreibt:
»Wenn man nicht mehr im Mittelpunkt steht, sondern das
Zentrum über sich weiß, dann spielt die Frage, ob man
sich wohl fühlt oder nicht, eigentlich keine Rolle.« Darin
spiegelt sich für mich auch das Verhältnis von Ewigkeit
und Jetzt wider. Das Göttliche steht wie das Ewige im
Zentrum. Das Jetzt findet unter dem Dach oder auf der
Folie des Ewigen statt. Vom Ewigen kommt die entschei-
dende Kraft und Ausrichtung für das Jetzt, das sich im
Sog der Ewigkeit befindet und auf das Ewige hin aus-
gerichtet ist.

Plötzlich fängt sie an zu reden

Plötzlich fängt sie an zu reden. Wir saßen uns schon über
eine Stunde lang schweigend im Zug gegenüber. Sie
fahre nach Offenbach, zum Grab ihres Mannes und ihrer
Tochter, sagt sie. Ihre Tochter ist mit 30 Jahren gestorben.
Sie lag einfach tot im Bett. Zwei Tage zuvor hatte ihr
Mann gerade einen Herzinfarkt überlebt. Jede Woche
fahre sie zum Grab, um ihren Mann und ihre Tochter zu

besuchen. Vor wenigen Wochen sei sie von Offenbach nach Koblenz gezogen, weil dort ihr Bruder lebte. Kaum war sie umgezogen, starb auch er. Sie wirkt aufgeschwemmt und sagt dann auch, sie leide an Fresssucht. Drei Tafeln Schokolade habe sie in der vergangenen Nacht verschlungen. Sie habe kaum geschlafen. Ich höre ihr zu, bin einfach da, greife die eine oder andere Aussage von ihr auf. Sie kennt immer wieder Phasen von tiefer Depression und Verzweiflung. Gibt es jemand, der sie verstehen kann, der verstehen kann, wie schrecklich, wie unbegreiflich es ist, das eigene Kind, das ihr alles bedeutete, zu verlieren? »Ich habe mich nie abgenabelt von ihr. Ich hatte gehofft, dass sie immer bei mir bleibt. Ich hatte sie nie losgelassen.« Sie hat Schuldgefühle. Sie schämt sich wegen ihrer Fresssucht. »Ticke ich nicht mehr richtig?«, fragt sie. Bei alledem, was sie erfahren habe, kann ich gut verstehen, dass sie verzweifelt ist, das Gefühl hat, keinen Halt mehr zu haben, sage ich. Ich mache sie aber auch darauf aufmerksam, dass sie trotz dieser so schwierigen Situation vieles regeln konnte. Irgendwann im Verlauf unseres Gespräches mache ich ihr Mut, eine Selbsthilfegruppe aufzusuchen, in der sich Eltern treffen, die ihre Kinder verloren haben. Von ihr geht viel Bitterkeit aus. Gott – mit dem kann sie wenig anfangen. Er kam in ihren Garten, in dem sich viel Unkraut befindet, und entdeckte diese wunderschöne Blume – ihre Tochter. Die hat er gepflückt. Sie ist sauer auf Gott, der ihr das angetan hat. Ich muss etwas für mich tun, sagt sie. So kann es nicht weitergehen. Meine Gesprächspartnerin muss sich in etwas verankern, das tiefer geht. In etwas, das die tragischen Erfahrungen in ihrem Leben nicht aufhebt, aber einbettet, ihnen einen Grund gibt, auf dem sie ruhen können. Diesen Grund findet sie im Jetzt allein nicht. Diesen Grund findet sie, wenn sie in den Bereich der Ewigkeit vordringt, wenn sie eine Ahnung davon bekommt, jetzt schon an das Grenzenlose angeschlossen zu sein. Am Ende unseres Gespräches dankt mir die Frau. Es hat ihr gut getan, dass sie über sich sprechen konnte. Sagen Sie Ihrer Tochter und Ihrem Mann, wenn Sie sie jetzt auf dem Friedhof besuchen, dass Sie sich eine Gruppe suchen werden, gebe ich ihr mit. »Wenn meine Tochter sehen könnte, wie dick ich geworden bin«, sagt sie. »Sie würde Sie verstehen, weil sie Sie liebt.« Ich berühre kurz ihre Hand. Dann verabschieden wir uns.

Sich dem Ewigen überlassen

Während ich mir Gedanken über die Bedeutung der Hinwendung an etwas Größeres, an Gott, mache, müssen in Asien Zehntausende von Menschen durch ein schreckliches Erdbeben, das das Meer zu einem tötenden Etwas machte, ihr Leben lassen. Innerhalb von wenigen Minuten ist ihr Leben ausgelöscht worden, so sehr sie sich dagegen aufgelehnt haben. Ich glaube, ich habe das alles noch nicht wirklich an mich herankommen lassen. Ich spüre in mir das Verlangen für die Menschen zu beten, die diesem furchtbaren Naturereignis ausgesetzt sind. Es hilft mir und – so hoffe ich – ihnen. Zunächst hilft es mir.

Im Beten gedenke ich ihrer. Ich kann meine Trauer, mein Mitgefühl ausdrücken. Ich kann meine Angst – bin ich doch Teil dieser Erde und kann mir doch zu jedem Augenblick das Gleiche geschehen – in meiner Hinwendung an Gott zulassen und dabei die Erfahrung machen, dass er da ist. Jetzt. Hier. Bei mir und bei den Menschen in Asien. Ich darf in diesem Moment, in dem ich in Verbindung mit Gott trete, die Erfahrung machen, dass ich Teil eines Größeren bin. Ich bin inmitten von Chaos, inmitten einer furchtbaren Situation Teil eines Größeren, eingebunden in die Beziehung zu Gott, angeschlossen an das Grenzenlose, den Grenzenlosen.

Ich kann Gott nicht für eine solche Naturkatastrophe verantwortlich machen. In mir sträubt sich alles gegen eine solche Denkweise. Ich kann in diesem Augenblick nur mit Dietrich Bonhoeffer beten:

> Von guten Mächten wunderbar geborgen
> erwarten wir getrost,
> was kommen mag.
> Gott ist mit uns am Abend und am Morgen
> und ganz gewiss an jedem neuen Tag.

Das hat einer gesprochen, der jeden Augenblick mit seinem Tod, mit seiner Hinrichtung rechnen musste. Er hat sein absolutes Vertrauen in Gott nicht von seiner Rettung abhängig gemacht. Er hat sich Gott überlassen, bedingungslos. Gott hat ihn nie verlassen – bis zum Ende.

Innehalten

Du kannst immer wieder eintreten in die Welt der Ewigkeit
mit einem Gebet, zum Beispiel mit den Zeilen aus dem
Abendgebet der Kirche: »*In deine Hände, Herr, empfehle*
ich meinen Geist.« *Wiederhole immer wieder diesen Satz*
in deinem Herzen und überlasse dich dabei der Welt des
Ewigen. Trete in Distanz zu dem, was dich beschäftigt, dir
noch nachgeht. Trete ganz bewusst in dein Kellion, dein
Innerstes ein. Wie in eine Höhle. Überlasse dich dem Reich
des Ewigen, DEM EWIGEN selbst, in dessen Schutz du
dich begibst. Sprich: »*Du bist mein Gott, in deine Hände*
empfehle ich voll Vertrauen meinen Geist.« *Darum geht*
es, wenn du dich der Ewigkeit überlässt. Du überlässt dich
Gott selbst. Du bist jetzt mit jemand in Berührung, der
außerhalb von dir und in dir ist. Du verfügst über ein Ge-
länder, das dir inmitten der Hektik des Alltags, auch in-
mitten von großer und größter innerer und äußerer Not,
Halt zu geben vermag. Dieses Geländer steht auch für die
Erfahrung, jetzt schon an das Grenzenlose angeschlossen
zu sein. Von dort geht ein Halt, geht eine Kraft aus, die dich
stärken, führen, dir Sicherheit vermitteln. Du bist schon in
diesem Leben an das Grenzenlose, den Grenzenlosen an-
geschlossen.

Von Heinrich Böll ist bekannt, dass für ihn der regelmäßige Besuch der Eucharistiefeier und der Empfang
der heiligen Kommunion ganz wichtig waren. Das gilt
auch für Graham Greene. Sie haben da beide etwas
gespürt, was tief in ihrem Innern gewirkt hat. Das
hatte – zumindest für Heinrich Böll – nichts oder wenig

mit einer offiziellen Zugehörigkeit zur katholischen Kirche zu tun. Er ist ja auch aus der Kirche ausgetreten, beziehungsweise hat aufgehört, seine Kirchensteuer zu zahlen. Auf einer tieferen Ebene blieb er katholisch. Die offizielle Kirche erwies sich ihm gegenüber großzügig, indem sie gestattete, dass er kirchlich bestattet wurde.

Ich gehe in den Gottesdienst, um in eine besondere Atmosphäre einzutauchen. Ich will für eine Weile in eine *andere* Welt eintauchen, in der ich mich auf Rituale, Verbeugungen, Bekreuzigungen, Knien, Kommunionempfang usw. einlasse, Verhaltensweisen und Praktiken, die außerhalb dieser Welt anscheinend wenig Sinn machen. Ich will dabei etwas von dem ausdrücken, was mit meiner Seele, dem Göttlichen in mir, dem Geheimnisvollen, dem Ewigen, zu tun hat, etwas, das ich sonst so nicht zum Ausdruck bringen kann. Ich begebe mich in das Heiligtum des Tempels, verweile nicht länger im Vorraum, dem Profanum. Darin liegt keine Abwertung des Profanen. Ich trete aber bewusst in eine andere Sphäre, in einen anderen Raum ein. Ich tue das auch innerlich. An diesem Ort, bei dieser Feier will ich in mein Innerstes eintreten, mit meiner Mitte, meiner Seele, in Kontakt kommen. Zugleich will ich meine Verbundenheit mit dem Größeren, dem Ewigen zum Ausdruck bringen, das Ewige vielleicht inniger, als es mir sonst möglich ist, als Teil meines Lebens erfahren. So kann die Teilnahme an einem Gottesdienst zu einer »Art Anteilnahme an einer alle Schranken von Raum und Zeit überwindenden Transzendenz des Lebens«, einem »Ewigkeitsmoment in der Zeit« (Jung 1971, S. 383f.) werden, bei der ich die Erfahrung mache, jetzt schon an das Grenzenlose angeschlossen zu sein.

Die Begegnungen mit Gott in Gottesdiensten, in der Anbetung, im meditativen Versunkensein, bei denen ich mich einfach Gott hinhalte und überlasse, können Weisen sein, unsere tiefe Sehnsucht, uns als Teil eines Größeren zu erfahren, zu erfüllen. Sie führen uns zu der Erfahrung, jetzt schon an das Grenzenlose angeschlossen zu sein.

In Dingle, einem Touristenort in Irland, entdecke ich in der Kirche einen Nebenraum mit dem ausgesetzten Allerheiligsten. Es zieht mich dorthin. Ich betrete den Raum, knie mich nieder und versuche, mich einfach Gott, meinem unendlichen und zugleich persönlichsten Du, zu überlassen. Für mich ist das ein Vorgang und eine Erfahrung, die ich vom Meditieren her kenne. Entscheidend ist für mich, mich innerlich auszustrecken auf Gott, alles in mir auf ihn hinströmen zu lassen. Nicht länger über ihn nachzudenken, überhaupt über nichts nachzudenken, sondern nur noch mich zu spüren, den es hinzieht zu Dir, sodass es nur noch mich und Dich gibt. In diesem Augenblick fühle ich mich zugleich aber verbunden mit den Menschen in Südostasien, die so plötzlich dahingerafft wurden, verletzt wurden oder heimatlos geworden sind. In mir steigen die Worte von Thomas von Aquin auf:

Gottheit, tief verborgen,
Betend nah' ich dir.
Unter diesem Zeichen
Bist du wahrhaft hier.
Sieh, mit ganzem Herzen
Schenk' ich dir mich hin,
Weil vor solchem Wunder
Ich nur Armut bin.

Epilog

Solange unsere Welt nur aus dem besteht, was uns direkt umgibt, solange unser Blick nicht über das hinausgeht, was uns die Bilder des Fernsehens tagtäglich anbieten, bleibt unsere Welt sehr klein und eng. Auch kann sie dann sehr schnell bedrückend für uns werden oder einseitig, schöngefärbt. Dann fehlen die Fenster, die uns einen Blick in die Ewigkeit gewähren, dann fehlt uns die Ahnung und die Erfahrung, es gibt noch mehr, ja viel mehr, es gibt noch eine Welt, die weiter, unendlich viel weiter, größer und tiefer ist als das, was uns umgibt und anscheinend beherrscht.

Solange oder sofern wir durchlässig bleiben, Jetzt und Ewigkeit in einem zu erfahren, immer wieder dazu in der Lage sind, bleibt unser Leben weit und reich. Es verlängert, vertieft und erhöht sich um die Dimension des Ewigen. Wir sehen weiter und tiefer. Wir fühlen uns verbunden mit einer Welt von unendlicher Tiefe und Weite. Wir erleben uns als Teil des ewigen Stromes, der durch uns fließt und von dem wir zugleich ein Teil sind. Wir machen die Erfahrung, Teil eines Größeren, an das Grenzenlose angeschlossen zu sein.

So ist es gut, immer wieder Gelegenheit zu haben, einen Blick auf das Ewige zu richten. Dieser Blick auf die

Ewigkeit hält uns aufrecht, manchmal zieht er uns auch hoch. Er erhebt uns aus dem Verhaftetsein am Irdischen oder Nur-Irdischen. Er richtet uns auf. Wir kommen mit unserer Sehnsucht in Berührung, die uns hinaus ins Weite führen und uns an das Unendliche, das Grenzenlose anschließen will, sodass wir den Himmel berühren, wenigstens immer wieder einmal die Erfahrung machen, einen Hauch des Ewigen zu spüren.

Diesen Blick in die Ewigkeit erhasche ich, eine Ahnung des Ewigen umweht mich, wenn ich in der Zisterzienserabtei in Marienstatt im Westerwald an der Frühmesse teilnehme und mich von dem zärtlich klingenden Choralgesang in eine Welt geleiten lasse, die mich aus dem Jetzt in das Reich des Ewigen führt. Ich trete ein in die Tiefe meines Herzens, das Reich meiner Seele und erfahre dabei zugleich die Verbundenheit mit dem Einen, Undenkbaren, Unbegreiflichen, Grenzenlosen, meinem Gott. Ich trete ein in die Ur-Beziehung, die grund-legende Beziehung meines Daseins und Lebens – die Beziehung mit meinem Schöpfer. Ich komme in Berührung mit meinem Anfang, dem Alpha, meinem göttlichen Ursprung. Ich darf tief in mir erfahren, dass ER mir das Leben eingehaucht hat, ich von IHM geschaffen wurde und weiterhin mit IHM verbunden bin. Und jetzt vergegenwärtige ich diese Verbundenheit, wird das Jetzt zur Ewigkeit, wird die Ewigkeit zum Jetzt. Ich erfahre, wie das Jetzt und die Ewigkeit sich berühren, ja gegenseitig durchwirken und durchdringen. Ich mache die Erfahrung, schon in diesem Leben an das Grenzenlose angeschlossen zu sein.

Bewahren sollst du sie
in deiner Erinnerung,
diese Momente,
in denen die Zeit
Ewiges erspürt,
in denen Göttlichkeit
sich erdet,
wo die ewig fließende Zeit
für einen Moment
das ewige JETZT gebiert.

Johanna Arlt

Literatur

Johanna Arlt: *Lichtstrahl aus ewiger Welt. Gedichte.* Aachen 2005
Klaus-Uwe Adam: *Therapeutisches Arbeiten mit Träumen. Theorie und Praxis der Traumarbeit.* Berlin 2000
Otto Betz: *Du hast Engel um Dich. Kleine Lehre vom guten Leben nach Rainer Maria Rilke.* Münsterschwarzach 2001
Emma Bragdon: *The Case of Spiritual Emergence. From Personal Crisis to Personal Transformation.* San Francisco 1990
Niklaus Brantschen: »Ich fühle mich doppelt verwurzelt«, in: *Publik-Forum, Nr. 10.* Oberursel 2003
Martin Buber: *Das dialogische Prinzip.* Heidelberg 1984
Henri Cartier-Bresson in: *SZ Nr. 124,* 01./02. Juni 2002
Doly H. Donelly: *Radical Love. An Approach to Sexual Spirituality.* Minneapolis 1984
Friedrich Dönhoff in: *DIE ZEIT, Nr. 14,* 27.03.2002
Stephanie Dowrick: *Intimacy and Solitude.* New York 1995
Bede Griffiths: *Die Hochzeit von Ost und West. Hoffnung für die Menschheit.* Salzburg 1983
Daniela Heisig: *Die Anima. Der Archetyp des Lebendigen.* Zürich 1996
Eugen Herrigel: *Zen in der Kunst des Bogenschießens.* Konstanz 1972
Hermann Hesse: *Worte des Zauberers.* Freiburg [7]1989
Jolande Jacobi: *Der Weg zur Individuation.* Zürich 1965
Robert A. Johnson: *Inner Work.* San Francisco 1989
Carl Gustav Jung: *Mensch und Seele.* Hrsg. v. Jolande Jacobi, Olten 1971
Carl Gustav Jung: *Gesammelte Werke, Bd.11.* Hrsg. v. Lilly Jung-Merker u.a., Olten 1971
Carl Gustav Jung: *Archetyp und Unbewusstes, Gesammelte Werke, Bd. 2.* Zürich 1984
Carl Gustav Jung: *Der Mensch und seine Symbolik.* Zürich 1993
Carl Gustav Jung: *Erinnerungen, Träume, Gedanken von C.G. Jung.* Aufgz. u. hrsg. v. Aniele Jaffe, Zürich 1997

Carl Gustav Jung: *Archetypen.* München 2001

Jürgen Leinemann: *Höhenrausch. Die wirklichkeitsleere Welt der Politiker.* München 2004

Karl Ledergruber: *Die Auferstehung des Eros.* München 1971

Manfred Lütz: *Lebenslust. Wider die Diät-Sadisten, den Gesundheitswahn und den Fitness-Kult.* München 2002

Jonathan Modaldo (Hrsg.): *Zwiesprache der Stille.* Düsseldorf 2002

Novalis: *Über die Liebe.* Ausgew. v. Gerhardt Schultz, Frankfurt a.M. 2001 *Montalalr*

Novalis: *Hymne an die Nacht.* Leipzig 1925

Bernhard Pauleikhoff: *Um die Zeit und Ewigkeit besorgt.* Hürtgenwald 1995

Karl Rahner: *Das große Kirchenjahr. Geistliche Texte.* Hrsg. v. Albert Raffelt, Freiburg 1987

Karl Rahner: *Erfahrungen eines katholischen Theologen.* In: Albert Raffelt (Hrsg.): *Karl Rahner in Erinnerung.* Düsseldorf 1994

Joseph Ratzinger: »Damit Gott alles in allem sei und alles Leid ein Ende habe.« Die Auferstehung der Toten und das Leben der kommenden Welt«, in: Norbert Kautschki/Jürgen Hoeren: *Kleines Credo für Verunsicherte.* Freiburg 1994

Rainer Maria Rilke: *Gesammelte Werke. Die Gedichte.* Frankfurt 1986

Rainer Maria Rilke: *Duineser Elegie.* Zit. in: Otto Betz: *Du hast Engel um Dich.* Münsterschwarzach 2001

Ronald Rolheimer: *Entdecke den Himmel in dir. Eine Spiritualität für das 21. Jahrhundert.* München 2002

Heinrich Seuse: *Büchlein der Ewigen Weisheit.* Trier 1968

Max Scheler: *Vom Ewigen im Menschen.* Bern 1954

Walter Schubart: *Religion und Eros.* München 1980

Roger Schütz: *Vertrauen wie Feuer. Tagebuchaufzeichnungen 1979–1981.* Taizé 1984

Rupert Sheldrake/Matthew Fox: *Die Seele ist ein Feld.* München 1996

Dorothee Sölle in: *Publik-Forum, Nr. 10,* 2003

Pierre Stutz: *Du hast mir Raum geschaffen.* München 1996

Pierre Teilhard de Chardin: *Das göttliche Milieu. Der Entwurf des inneren Lebens.* Düsseldorf 2000

Henry David Thoreau: *Aus den Tagebüchern 1837–1861.* Hrsg. v. S. Schaup, Olpe 1996

Eckard Wolf-Gottwald: *Meister Eckhart oder der Weg zur Gottesgeburt im Menschen. Eine Hinführung.* Gladenbach 1995